Münsterschwarzacher Kleinschriften
herausgegeben
von den Mönchen der Abtei Münsterschwarzach
Band 139

Peter Abel

Neuanfang in der Lebensmitte

Vier-Türme-Verlag

3. Auflage 2007

Umschlaggestaltung: Morian & Bayer-Eynck, Coesfeld
Umschlagmotiv: Morian & Bayer-Eynck, Coesfeld
Gesamtherstellung: Benedict Press, Münsterschwarzach
ISBN 978-3-87868-639-2
ISSN 0171-6360

Inhalt

I. Erfahrungen der Lebensmitte

Auf der Suche nach sich selbst

Joschka F. läuft …

Entschlossenheit, Durchhaltevermögen, Realismus, Geduld waren also die vier Tugenden, die mir in den folgenden Monaten von großem Nutzen sein sollten, auf denen fußend ich drei Grundsätze formulierte:
Belüge dich niemals selbst!
Meide immer deine Leistungsspitze!
Gib niemals auf![1]

Ein Selbstzeugnis. Und es stammt weder aus dem Mund eines Tugendmenschen noch eines Zeugen der geistlichen Tradition, sondern von einem Zeitgenossen, von dem man es so nicht erwartet hätte. Joschka Fischer, Außenminister und Vizekanzler, hat sich in der Zeit einer tiefen persönlichen Krise diesen Tugenden gestellt. Seine Ehe war auseinandergegangen. Er lebte in einer tiefen psychischen Krise. »Ich war nicht mehr ich selbst«, so er über sich. Zunehmend verfettet und in starren Lebensverläufen verhaftet, lebensfeindlich und im Grunde todunglücklich – das war sein Leben. »Als mir diese Tatsache klar vor Augen stand und ich zugleich spürte, daß eine lange und harte Leidenszeit auf mich zukam, wußte ich, es war eine sehr weitreichende Entscheidung zu treffen.«

Er beginnt seinen Übungsweg zu sich selbst. Aus der körperlichen Erschlaffung heraus fängt er das Laufen an. Ausdauer und Durchhalten sind angesagt. Er schafft es, in weniger als zwei Jahren die Marathonstrecke zu bewältigen.

Wie kommt es, daß ein Mensch sich einer solchen Mühe – einem »schön entsagungsvollen Jahr«, wie Fischer sagt – unterwirft und sein Leben umkrempelt? Was gibt ihm die Kraft zu einem neuen Lebensprogramm?

Es müssen nicht immer Prominente sein, auch Menschen in unserem eigenen Lebensumfeld – vielleicht wir selbst – werden von der Lebensmitte getroffen. Dieser Ruf kann zur persönlichen Wende werden. »Ich wäre innerlich fast explodiert«, erzählt Elena L. und zeigt mir im Begleitgespräch die Zeichnung eines Traumes. Die Gitter eines Gefängnisses sind geborsten. Aus dem Inneren bricht ein helles, fast grelles Licht heraus. In der Bresche steht eine Frau, mit Wunden am Leib, aber aufrechten Ganges heraustretend ins Freie. Das Spiel von Licht und Dunkel gleicht wirklich einer Explosion.

Elena L. wagt eine Wende …

Elena, 38 Jahre alt, hat als Architektin im Boom der neunziger Jahre gute Geschäfte gemacht. Das

Büro, an dem sie seit drei Jahren Mitinhaberin ist, konnte trotz der Rezession der letzten Jahre erweitert werden. Elena glänzt mit neuen Ideen, findet bei den Kunden Zuspruch. Arbeit, Familie und die Erziehung der Kinder bringt sie ganz gut unter einen Hut, auch wenn es in der Ehe seit einigen Monaten ab und zu kriselt. Unmerklich, aber sicher stellt Elena in den vergangenen Monaten Enttäuschungen fest: ihr beruflicher Erfolg geht zu Lasten der persönlichen Freiheit, der Streß läßt sie nicht mehr zur Ruhe kommen und macht sie anfällig für Zornesausbrüche zu Hause. Ihr Freundeskreis, der in der Studienzeit groß war, ist inzwischen geschäftlichen Interessen untergeordnet. »Ich bin zwar voll beschäftigt, mit meinem Leben aber unzufrieden«, sagt sie mir. In dieser Unzufriedenheit bricht sie ihre Tätigkeit für mehrere Monate ab und nimmt sich eine Auszeit in einer abgelegenen Hütte. »Ich muß wieder zu meinen Ursprüngen zurück und neue Perspektiven finden«, so ihr Wunsch. Sie malt viel. Als sie nach drei Monaten wieder zurückgekehrt ist, ist ihr das Umfeld wichtiger, in dem sie ihre Häuser baut. Sie engagiert sich in Stadtentwicklungsprojekten und gewinnt in einem bundesweit ausgeschriebenen Wettbewerb den zweiten Preis. Der Erfolg sichert ihrem Büro eine Reihe von Folgeaufträgen, aber das ist ihr nicht so wichtig. Menschen sollen lebenswerter wohnen können. »Ich habe«, so sagt sie heute, »meine besten Jahre für ein neues Wagnis genutzt.«

Von außen besehen sieht vieles so ähnlich wie bisher aus. Elena ist eine gefragte Architektin. Das Geschäft läuft. Aber manches ist anders: Elena arbeitet nicht mehr 70 Stunden in der Woche, sie bespricht ihre Ideen schneller im Team, und sie nimmt sich öfter eine Auszeit. Sie sieht wieder mehr Sinn in ihrer Arbeit. Die Gespräche mit ihrem Mann sind ihr wieder wichtiger geworden; beide haben eine Therapie aufgenommen – es zählt nicht mehr der Erfolg um jeden Preis, wohl aber gelten Lebensqualität in Beruf und Beziehungen. Die Lebensmitte ist bei Elena zu einer Passage geworden, die eine Wende in ihr selbst mit sich bringt. Was bewegt Elena, daß sie ihrer inneren Stimme folgt und mehr Lebensqualität sucht?

Wie will ich eigentlich leben?

Um die Vierzig stehen wir voll im Leben. Die Erfolge des Lebens haben sich schon seit einiger Zeit eingestellt: im Alltag, im Beruf, im Leben mit anderen Menschen. Mein Lebensstil hat sich ausgeprägt: wie ich alleine oder mit meiner Familie mein Leben gestalte, meine Aktivitäten in der Freizeit, die Art, wie ich wohne, bis hin zu persönlichen Vorlieben zeichnen diesen Stil aus. Beziehungen haben sich gefestigt. In der Ehe haben wir vielleicht schon eine gewisse Wegstrecke hinter uns; Krisen sind überstanden, wir wissen, was wir aneinander haben und wofür wir uns engagieren wollen und können. Die Kinder sind meist aus dem Gröbsten heraus. Wo ich eigentlich hin will, ist – wenigstens in den wichtigsten Zügen – zwischen Vierzig und Fünfzig schon längst beantwortet. Der eigene Lebenshorizont ist einigermaßen umrissen und damit auch, welchen Einfluß wir im weiteren Lebensverlauf darauf nehmen können. So sind die Jahre um die Lebensmitte immer auch die besten Jahre.

Eine Halbzeit ist erreicht – im Leben, im Beruf. In der Halbzeit wird aber auch Pause gemacht und die Strategie besprochen, wie das Spiel weitergehen soll. Stimmen Taktik und Spielverlauf, oder müssen diese verändert werden? Ist die Mannschaft noch gut aufgestellt? An welcher Stelle brauchen wir neue Kräfte?

Als Seelsorger treffe ich auf Menschen, die in dieser Situation der Halbzeit eine lebenswendende Frage an sich selbst stellen: wie will ich eigentlich weiter leben? Zu oft ist der Alltagsrhythmus zum Trott geworden. In der Arbeit ist das Fell des Bären schon längst verteilt. Die Liebe zur Partnerin oder zum Partner ist nicht mehr die des Anfangs. Und die Kinder können auch ganz schön anstrengend sein. Viele Dinge haben sich eingeschliffen. Was bisher sinnvoll war, kann auf einmal langweilig und falsch erscheinen. Wir kommen an Grenzen. »Was ist jetzt mit mir los?«, frage ich mich, als mich mein Sohn beim Laufen das erste Mal abhängt. Dabei hatte sich die Entwicklung unmerklich, aber schon länger angekündigt. Schmerzlos geht das nicht vorüber.

Das Leben will geprüft werden und eine neue Qualität bekommen. Die Berufswahl scheint für viele Menschen in diesem Alter auf einmal wieder offen. Neue, manchmal altbekannte Talente und Fähigkeiten bekommen wieder Gewicht. Der Rückzug zu sich selbst wird wieder bedeutend. Es lohnt sich eine erste Bilanz. »Gestartet ist die Rakete schon lange«, sagt mir ein Freund, der wie ich in den mittleren Lebensjahren steht, »und ich habe auch schon das erste Feuerwerk in den Himmel gesetzt. Jetzt, da die Funken für einen Augenblick erloschen scheinen, warte ich auf die nächste Zündung und ein noch viel schöneres Farbenspiel.«

Die eingangs erwähnten Menschen geben in der Mitte ihres Lebens einer inneren Sehnsucht Gestalt. Sie entscheiden sich für ein neues Lebensprogramm. Beide würden sicherlich bezeugen, daß sie eine stille Revolution in sich erlebt haben, die ihre Lebensorientierung und ihre Spiritualität, ihre Lebenseinstellung und ihre innere Berufung berührt. Darum geht es mir hier: jetzt, um die Wende des Lebens, ziehen viele Menschen große Bilanz. Offensichtlich spielt dabei nicht mehr so sehr die Außenseite des Lebens, sondern das Innen der Seele eine größere Rolle.

»Ich stehe in des Lebens Mitte. Kaum eine Zeit ist für mich so voll und so spannungsgeladen wie diese jetzt. Manchmal bin ich verwirrt, manchmal zuversichtlich. Es gibt neue Möglichkeiten für mich. Neue Aufgaben warten. Ich werde mit mir selbst konfrontiert. Noch weiß ich aber nicht, wohin mich die Reise führt.« Was mir eine Bekannte – wie ich selbst in den mittleren Lebensjahren – in einer stillen Stunde erzählt, ist die Erfahrung vieler Menschen. Des Lebens Mitte ist die »schönste Jahreszeit des Lebens« (Kurt Tucholsky) und verwirrende Herausforderung zugleich. Neuorientierung steht an.

Neue Fragen an das Leben

Diese Neuorientierung ist von zentralen Fragen begleitet:

- Was erleben Erwachsene, wenn sie in der Mitte des Lebens angekommen sind? Hat dieser Umbruch eine besondere Gestalt? Welche Herausforderungen stehen für die Entwicklung der eigenen Persönlichkeit an?
- Verändert sich die Spiritualität Erwachsener? Verlassen sie gewohnte Wege und suchen sie Neuland im Glauben? Geben die spirituellen Erfahrungen anderer Menschen eine Hilfe?
- Wie wirken sich diese Erfahrungen auf die eigene Lebenshaltung und -praxis aus?

Diese Fragen will ich im Folgenden vertiefen. Zunächst beschreibe ich die Entwicklung der Lebensmitte und gehe dem spirituellen Umbruch dieser Zeit nach.

Mein Wunsch an Sie als Leserin und Leser ist dabei, daß Sie angeregt werden, die zuversichtlichen Seiten im Gang durch Ihres Lebens Mitte zu sehen. Dieser Gang liegt, im Bild gesprochen, oft an einer Grenze zur Nacht. Der Journalist Wolfgang Büscher, zu Fuß von Berlin nach Moskau unterwegs, greift dieses Bild auf, indem er beim körperlichen Überschreiten der Grenze dankbar zurückblickt und mit spirituellem Hintersinn nach vorne schaut:

Die Straße stieg hügelan durch schwarzen Wald, mein Atem ging tief, ich sah mich nicht um. Ich war keineswegs erschöpft. Eben hatte ich die Grenze überschritten, und nichts hatte mich besiegt, das widrige Land nicht und das müde Land nicht und die Zweifel ... auch nicht. Ich bin in Rußland. Auf dem Kamm drehte ich mich endlich um, und was ich sah, traf mich ins Herz. Im Westen war der Himmel aufgerissen, ein glühender Schlitz, breit wie der Horizont, die letzte Sonne brach gerade durch. Sie verklärte alles. Das bräunlich leere, wellige Land. Den ganzen feindlichen Tag. Ich blieb stehen und sog das Bild aus dem Himmel, bis es verschwunden war, dann wandte ich mich wieder nach Osten, und die dunkle schnurgerade Chausee ins Nichts war mir die liebste, die ich je sah. Voller Versprechungen, voller Abenteuer. Voller Anfang.[2]

Lebenswende: Passagen und Krisen

Erwachsene verändern sich. War man früher davon ausgegangen, der Erwachsene sei ein fertiger Mensch, so ist das heute anders geworden. Auch Erwachsene leben im permanenten Umbau. Wachsende Anforderungen im Beruf, Streß und Burnout bringen einen an die Grenze. Manche Erwartung ist nicht mehr erfüllbar. Werte, die für wichtige Lebensentscheidungen stehen, können so nicht mehr eingelöst werden. Enttäuschungen, persönliche Konflikte, erste größere Verluste, der Abbruch von Beziehungen, Enthausung durch Mobilität – all das kann dafür sorgen, daß das bisherige Leben in Frage gestellt wird. »Kann es denn das gewesen sein?«, sang Wolf Biermann in seinen Vierzigern, und meinte das Kinderschreien, Alltagsstreß, schnelles Frühstück und morgendlichen Stau im Berufsverkehr.

Angelika, 38 Jahre alt, Grundschullehrerin auf einer halben Stelle und Mutter zweier Kinder, lebt nach außen hin glücklich. Immerhin bringt sie Familie, Beruf und einen größeren Bekanntenkreis unter einen Hut, macht ihre Arbeit gerne und liebt ihre Familie ... doch auf Kosten ihrer selbst. Noch innerlich mit einem Schulkind beschäftigt, kommt sie mittags nach Hause und fängt das Kochen an. Gott sei Dank hat sie schon vorab etwas vorbereiten können. Ein Anruf ihrer Mutter kommt dazwischen: der Arzt hat eine schwere Bronchitis bei ihr festgestellt, die zweite in vier Wochen, und überhaupt will es mit den Geschäften des Alltags bei ihr nicht mehr recht vorangehen. Einkäufe kann ihre Mutter für die nächste Zeit nicht mehr alleine tätigen. Ob sie nicht einmal für heute vorbeikommen könnte und ihr helfen? Wie soll das gehen, fragt sich Angelika, und rechnet innerlich schon die 70 Kilometer hin und zurück. Was ist, wenn ihre Mutter pflegebedürftig wird?

Noch ganz in Gedanken versunken klingeln die Kinder. Bei Katharina ist eine Englischarbeit daneben gegangen, und sie will jetzt getröstet werden. Das Essen verkocht, die Fahrt zum Musikunterricht schafft sie in letzter Minute, schnell wird noch nebenbei eine Waschmaschine aufgesetzt. Ihr Mann kommt am Abend abgeschlagen und schweigsam nach Hause, hat keine rechte Lust, auf die Erzählungen der Kinder einzugehen. Im Betrieb wird rationalisiert, und mit 47 befürchtet er, dieses Mal dabei zu sein.

Am Abend, als alles still ist und beide im Bett liegen, kommen sie endlich auf ihre Gedanken zu sprechen. Im Tiefsten wissen sie, daß sie sich wirklich lieben – aber es bleibt keine Kraft mehr für Zärtlichkeit. Im Dauerstreß und ohne Zeit für sich, so leben sie. Inmitten des Trubels fühlen sich beide einsam. Am nächsten Tag dreht sich das Rad von Neuem: wieder müssen Kinderzimmer aufgeräumt werden, Wäsche gewaschen, Tränen weggewischt. Sorgen drücken. Wo bleibt sie selbst?

Vor einigen Jahrzehnten kam die Rede von der Midlife-Crisis auf, und diese Rede hat sich bis in unser Alltagsbewußtsein hinein festgesetzt. Aber – das haben die Fachleute[3] inzwischen festgestellt – diese Jahre müssen nicht unbedingt krisenhaft sein: für viele sind es ja die besten Jahre. Die Midlife-Crisis gibt es so akzentuiert gar nicht. Nur ein Teil der Befragten beschreibt in einschlägigen Untersuchungen diese Zeit als Lebenskrise. Dann kann diese Zeit auch schmerzhaft und problematisch sein. Einschneidende, das Leben verändernde Schnitte können anstehen. Beziehungen brechen ab. Die eigene Lebenszufriedenheit wird hinterfragt. Trauer und Schmerz können viele Strecken des Weges prägen, bevor es dann vielleicht zum Aufbruch kommt.

Die große Mehrheit der Menschen ist aber zufrieden mit dem Verlauf des Lebens – auch wenn sich der leise Zweifel in Wellen ankündigen mag. Veränderungen kündigen sich an, langsam und als ein Hineingehen in den Neuanfang, als eine Passage, die auch schön sein kann. So trägt des Lebens Mitte schon alle Facetten einer Krise im ursprünglichen Sinne: manchmal sanft, manchmal hart, eine Entwicklung auf einen Höhepunkt zunehmend und Neuorientierung verlangend. Die bisher gewordene Persönlichkeit kämpft mit einem neuen Bild von sich selbst. Der Mensch der Lebensmitte steht vor neuen Herausforderungen und weiß oft noch gar nicht, wie dieses Bild in Zukunft aussehen wird, auch wenn er manche Kontur schon ahnt.

Wie sieht nun der *Umbau der Persönlichkeit* aus?

»Frauen in der Lebensmitte stehen an einem Wendepunkt. Sie können an Beziehungen, Berufen und Situationen, denen sie entwachsen sind, festhalten – eine Entscheidung, die den Alterungsprozeß beschleunigt und die Krankheitschancen drastisch erhöht – oder sie können sich den neuen Aufgaben stellen, die der Körper und der Hormonspiegel verlangen. Wer dazu den Mut aufbringt, bereitet sich wirklich auf den Frühling in der zweiten Lebenshälfte vor«, schreibt die Frauenärztin Christiane Northrup.[4] Viele *Frauen* werden in dieser Zeit reizbarer, depressive Verstimmungen treten auf, ihre Seele weint wie die von Angelika, und die Haut ist dünner geworden. Für *Männer* ist es nicht anders. Nicht nur Frauen, auch Männer[5] stellen sich hormonell um.

»In gewisser Weise bin ich bereits tot«, sagt Kevin Spacey, Held des Kinofilms American Beauty, in dem der Regisseur Sam Mendes ihn zum tragischen Antihelden der Lebensmitte werden läßt. »Früher waren wir mal glücklich. Beide, meine Frau und meine Tochter, halten mich für einen totalen Verlierer. Ich habe etwas verloren. Aber es ist niemals zu spät.« Das Leben in der bürgerlichen Welt widert Kevin an. Weil er in seiner Firma nicht mehr gebraucht wird, wirft er alles hin, gibt sein spießiges Erwachsenenleben auf und pubertiert zum ewigen Jungmann. Bodybuilding gibt seinem Körper ein kraftvolles Aussehen.

Er fängt wieder zu kiffen an, avanciert zum Frittenbräter und will überhaupt keine Verantwortung mehr wahrnehmen. Das ach so schöne Familienleben entgleist. In seinen Träumen verliebt er sich in die barbiehafte Schulfreundin seiner Tochter, während seine Frau ihren verhaßten Konkurrenten zu ihrem Lover macht. Man kann es sich ausmalen: das Projekt Lebensmitte kann auch scheitern. Im Film geht es sogar tödlich aus.

Wenn es so aussieht, daß Frauen jetzt in den Wechseljahren sensibler und anfälliger für die depressive Seite ihres Lebens sind und Männer den harten Kerl geben, so kann sich mir in Gespräch und Begleitung dieses Klischee nicht bestätigen. In den Momenten echter Begegnung erlebe ich Männer hoch sensibilisiert, ihre inneren Seiten schwingen, sobald ich auf die körperlichen Veränderungen wie den kleinen Bauch und die grauen Haare, auf Ängste vor der Zukunft oder seelische Verstimmungen zu sprechen komme; ihre Einstellung zur Sexualität hat sich verändert, wenn »Mann« sich nicht nochmals beweisen muß. Beide Geschlechter finden sich mit ihren eigenen, inneren Fragen, ambivalent im Zwischen, angeschlagen und ichgestärkt, erfahrungsgesättigt und verunsichert zugleich. Sie müssen es lernen, mit neuen Seiten ihres Innenlebens umzugehen.

Noch im Vollbesitz der Kräfte kündigen sich *gesundheitliche Belastungen* nur unmerklich an: in der Erkältung, die einen ganzen Winter über nicht richtig weggehen will, in kaum auffallenden Schmerzen, im Bandscheibenvorfall, der auf den Berufsstreß und die langen Autofahrten abgeschoben wird. Die Richtung ist klar: das eigene Gesundheitserleben muß stärker über das seelische Wohlbefinden geregelt werden. Weil sich körperliches Unbehagen leise einstellt und die Regenerationszeiten länger dauern, wird die Sorge um die eigene Körperlichkeit wichtiger. Wie ich mich ernähre, wie ich Ruhezeiten eingehe, ob ich Sport mache und es dabei übertreibe oder nicht – das sind die Signale, daß die körperliche Uhr unaufhaltsam tickt.

Langfristige Lebensziele können als unrealistisch erkannt werden und müssen revidiert werden. Lebensziele und Träume, die lange vernachlässigt wurden, tauchen wieder auf und stellen die bisherigen Prioritäten in Frage. Was bisher wichtig war, kann unbedeutend werden. Gerade im Beruf tritt für viele eine Phase der kritischen Bilanzierung ein: jetzt ist die letzte Möglichkeit, nochmals einen Neuanfang zu starten. Die Berufswahl wird bisweilen in Frage gestellt, bisweilen in wesentlichen Teilen revidiert. Interessen bauen sich um. In einer Umfrage der Bundesregierung auf ihre Zukunftserwartungen hin befragt, hoffen die meisten über Vierzigjährigen verstärkt auf mehr Zeit für sich selbst und auf ein Leben mit mehr Ruhe. Sie wünschen sich ein bewußteres Leben und gute soziale Beziehungen. Das klingt nicht mehr so sehr nach Leistung und Karriere.

Wer Bilanz zieht und sorgfältig auf sich achtet, der wird sich auch emotional neu entdecken. *Gefühle* melden sich. Da kann eine Unzufriedenheit über das bisherige Leben auftauchen, da können sich Trauer und Wut über die ungelebten Möglichkeiten zeigen. Innerer Aufruhr und geistige Unruhe können bis zur äußeren Ruhelosigkeit führen und die Lust erhöhen, auszusteigen. Die Herausforderung, einmal innezuhalten, kann verunsichern und auch beängstigen. Man ist gleichzeitig gespannt auf das Neue. Das Seelenleben meldet sich.

Menschen im mittleren Lebensalter werden in Beruf und Familie mit der Frage nach *Verantwortung* und *Macht* konfrontiert. Mit Vierzig kann man vieles nicht mehr mit dem ungebremsten Schwung der Jugend tun. Gerade deshalb werden Ressourcen verantwortlich eingesetzt. Für viele ist jetzt im Beruf, für andere im privaten Leben oder auch im kulturellen Schaffen die Zeit, in der sie Verantwortung übernehmen wollen und müssen. Die Möglichkeiten, Einfluß zu nehmen, sind jetzt am größten.

Erste echte und intensive Auseinandersetzungen um den *Sinn* und das *Ende des eigenen Daseins* stehen an. Lebensverändernde Ereignisse haben die meisten Menschen nun schon erlebt – eine Trennung, die schmerzt, eine ernsthafte Erkrankung, den Tod eines geliebten Menschen, Umzug und Neuanfänge ... Konfrontiert mit den eigenen Grenzen und auch mit ernsthaften Verlusten gewinnt das Leben vom Ende her eine neue Bedeutung. Die Frage kommt auf: Wie kann ich Bleibendes hinterlassen?

Soziale *Beziehungen* und *Familienbeziehungen* ändern sich. Die Beziehung mit einer Partnerin oder einem Partner kann schon Jahre dauern. Der Charme der Romanze ist verflogen, das Glück der reifen Jahre noch nicht da. Befreundete Ehepaare erzählen mir, was uns selbst auf dem halben Weg zur Silberhochzeit[6] vertraut ist: wir sind eingebunden in vielerlei Verpflichtungen, ein Alltagsgeschäft jagt das andere. Manchmal können wir uns nur sehen, um die Autoschlüssel zu übergeben und das Nötigste zu besprechen. Die Augenblicke zu zweit sind doppelt kostbar. Wir merken dann, daß das Gefühl der Gegenseitigkeit nach einer neuen Gestalt sucht: wie können wir trotz der Hektik das gewachsene und tiefere Empfinden füreinander leben? Können wir die Erwartungen aneinander, die sich als nicht tragfähig erwiesen haben, revidieren? Was kann ich tun, um meinen persönlichen Lebensweg und den meiner Partnerin zu unterstützen? Schaffen wir es, engagierte Wechselseitigkeit zu leben?

Auch die anderen *Beziehungen* werden sichtbar verändert. Unsere Kinder werden selbständiger und größer. Das ist einerseits ein Verlust, andererseits auch ein Gewinn. Ihre Entwicklung geht nicht ohne Reibereien ab, und gleichzeitig entdekken wir mit ihnen (und ohne sie) neue Spielräume. Die Sorge um die älter werdenden Eltern plagt uns: werden wir die Belastung tragen können, wenn sie mehr Hilfe und Unterstützung brauchen? Wie werden wir mit den damit verbundenen Erfahrungen, den Gefühlen von Hoffnungslosigkeit, Trauer und Abwehr umgehen können? Beziehungen, die vielleicht einmal tragend waren, erweisen sich als brüchig. Wir lösen uns von Menschen, die uns lange begleitet haben. Neue Menschen treten in unser Leben ein.

Alle diese Erfahrungen spitzen die Frage nach der persönlichen Entwicklung zu. Das eigene Leben muß bilanziert, gewichtet und geschätzt, in wichtigen Akzenten austariert und bei allen bleibenden Erfolgen auch neu bestimmt werden.

Am Wendepunkt des Lebens

So wird eine oder einer das Empfinden nicht mehr los, an einem Wendepunkt angekommen zu sein, dem Wendepunkt des eigenen Lebens. Auch wenn für viele diese Wende meist ein stiller, über mehrere Jahre stattfindender Wandlungsprozeß ist, die Zweifel mehren sich: »The same procedure as every year?« Zu gut kenne ich meine Tages- und Wochenabläufe; ich kann mir ausrechnen, daß es so bis zum Ruhestand (nicht mehr) weiterlaufen kann. Ich frage mich, ob ich das so will. Und ich kann mir, nach vorne blickend, ziemlich klare Vorstellungen über meine eigenen Fähigkeiten und Aufgaben machen – inzwischen kenne ich mich ja gut genug. Ich kann mir ziemlich gut vorstellen, was ich zu leisten vermag. Mein Vertrauen in Beziehungen ist durch die Erfahrung gewachsen. Doch auch das Gegenteil kann der Fall sein: mir steht da Franz M. vor Augen, der Anfang vierzig einen beruflichen Abstieg hinnehmen mußte und diesen bis zum Ende seines Berufslebens nicht mehr verkraftet hat. Von seiner Umgebung noch bestärkt, hatte es sich tief in seinem Herzen eingegraben, ein Versager zu sein, und dieses innere Skript verfolgte ihn zwei Jahrzehnte. Erst spät, mit dem Ruhestand, trat für ihn eine Heilung ein.

Die Lebensmitte ist die Zeit, in der das Ich einen Riß bekommen kann. Die hochfliegenden Pläne meiner Jugend haben sich verflüchtigt. Ich bin bewußter denn je mit meinen Schattenseiten in Kontakt, und mit erschüttertem Erstaunen muß ich feststellen, welche Abgründe von Wut, Haß, Schuld oder Angst sich mir auftun können. Die Gedanken des Herzens, auch die schlechten, werden schärfer – bisweilen auch verletzend. Da mißtraut einer der Kollegin, denn die Erfahrung hat ihn schon gelehrt, daß nicht alles von ihr gut gemeint ist. Die Lieben sind nicht immer so lieb – Wut und Ärger haben Oberhand im Kampf mit den pubertierenden Kindern. Der Zweifel kann ein stiller Begleiter geworden sein. Die Phantasien, daß das Leben ganz anders hätte verlaufen sollen, gewinnen an Kraft; die vielen beruflichen und ehelichen Aussteiger geben ein beredtes Zeugnis davon. All diese Schattenkräfte sind aber auch Energien, die auf eine Verwandlung des Herzens warten.

Sorge um sich selbst

Die Verantwortung für mich selbst, gewachsen durch Erfahrung, bestimmt nun mein Leben mit. Wenn ich etwas tue, dann mit Kraft. Mit der größeren Verantwortung wächst aber auch die Herausforderung, das eigene Leben bewußt zu gestalten. Damit dies geschehen kann, ist eines notwendig: die Konfrontation mit meinen Grenzen. Wut und nicht Verziehenes können in mir aufkommen. Ich schäme mich meiner. Ich muß meine inneren, mir selbst unangenehmen und unannehmbaren Gedanken annehmen lernen. Ich kann diese Gedanken verleugnen, sie gar nicht wahrhaben wollen, kann die Schuldgefühle beiseite schieben und der Konfrontation mit mir selbst ausweichen. Ich kann aber auch in das tiefste Vertrauen investieren, das Vertrauen in mich selbst. Denn nur ich allein kann den Weg der persönlichen Auseinandersetzung gehen. Im Annehmen meiner selbst sind Versöhnung und Vergebung angesagt. Gelingt dieser Schritt, tauchen neue Lebensenergien in mir auf. In der aufmerksamen, liebevollen Zuwendung mir selbst gegenüber können die Energien, mit denen ich mich bisher verleugnet habe, aufleben.

»Oft genug weiß ich nicht mehr, wohin mit mir.« Das sagt mir Reiner, 43 Jahre alt, nicht, weil er etwa arbeitslos geworden ist und nichts mit sich anfangen kann, sondern im Gegenteil. Seit er der Leiter der Entwicklungsabteilung eines mittelgroßen Unternehmens geworden ist, kennt er Familie und Freizeit nicht mehr. Nicht Ressourcenmanagement, sondern Chaosmanagement ist für ihn zur Devise geworden. Zu viele Aufgaben für eine Stelle prägen die Verantwortlichkeiten, viele spontane Entscheidungen erzwingen Dauerstreß auf hohem Niveau, und er weiß dabei genau, daß

ein jüngerer Kollege nur darauf wartet, daß er das Handtuch wirft. In einer ruhigen Minute kommen wir darauf zu sprechen, daß für ihn im Grunde die Entscheidung ansteht, wieder mehr auf die innere Stimme zu hören und Schwerpunkte zu setzen. Schon über ein halbes Jahr kämpft er mit sich: »Ich treibe Raubbau an mir. Wie kann ich besser für mich sorgen?«

Neuorientierung

Die Neuorientierung im eigenen Inneren kann ganz schön krisenhaft sein. Hilde Domin hat diese Krise in einem Gedicht bildhaft beschrieben:

Die Knospe einer Liebkosung
von keinem Gärtner gepflegt,
im Leib meines Körpers verborgen,
langsam,
unaufhaltsam sich öffnend,
macht mich fremd,
macht mich fremd mit mir selbst.[7]

Da ist er, der lange und labile Wachstumsprozeß meiner selbst, der die Lebenswende als Wende nach innen versteht: die Knospe, von der Hilde Domin spricht, will wachsen. Aber es ist eine Knospe der Liebkosung, die kein anderer pflegt. Kein Gärtner von draußen ist da, der sich um mein Inneres kümmert. Denn der Gärtner kann nur noch ich sein: ich muß mich liebkosen. Die verborgene Blüte meiner selbst kenne nur ich und keiner sonst. Verborgen in mir wächst neues Leben von innen heraus, nicht plötzlich wie im Rausch des Frühlings, sondern langsam, über lange Zeit hinweg. Ich öffne mich mir selbst, will der stillen Konfrontation meiner Gedanken und der aufsteigenden Bedrängnis gar nicht mehr ausweichen.

Doch das Vertrautwerden mit der inneren Knospe meiner selbst ist gefährlich – ich mache mich meiner inneren Fremdheit kund, den Ängsten und der Verunsicherung. Wenn die Knospe wachsen soll, ist damit auch Gefahr und Anstrengung verbunden. »Es knospt unter den Blättern das nennen sie Herbst«, hat Hilde Domin[8] an anderer Stelle gesagt. Schon lange im Vorfeld ist die entfaltete Blüte angelegt, zart und zerbrechlich. Doch es kommen zuerst die Stürme des Winters und die Fröste der langen Nächte. Kämpfen ist angesagt. Erst mit der Frühlingssonne ist Erwachen an der Zeit. Die Kraft von innen heraus nimmt zu, bereit, die harte Schale der Knospe zu sprengen. Schon spüre ich die stille Kraft und das wachsende Leben in mir. Es braucht aber noch Zeit, bis sich die Knospe voll entfalten kann.

Ich bin verantwortlich für mich selbst, für die zerbrechliche Knospe in mir. Ich muß für mich sorgen und mich neu orientieren. Ich kann mich nicht mehr von anderen steuern lassen. Dieses Experiment fordert mich heraus, die gelingenden Seiten meines Lebens und die schlechten Strömungen in ihm zugleich anzunehmen und als zu mir gehörig anzuerkennen. Ungeklärtes ist da. So, wie ich mich jetzt auf einmal sehe, kannte ich mich bisher nicht. Ich setze mich mit der verlorenen Unschuld der ersten Lebenshälfte auseinander: Unrealistische Erwartungen sind sichtbar geworden und werden jetzt abgerechnet. Werte, die mir bisher die wichtigsten waren, werden nicht mehr eingeholt. Persönliche Konflikte gewinnen an Kontur. Ich muß mit dem Scheitern leben lernen, Illusionen aufgeben und meinen bisher gewordenen Lebensweg annehmen. Aber es knospt auch. Ich bin selbst der Gärtner in meinem Lebenshaus, kein anderer. Das kann ich durchaus als ein neues Selbstvertrauen ansehen. Denn ich bin offener für mich. Die innere Stimme ruft.

Glaube im Umbruch

Sonntagnachmittag in Paris. Tausende von Menschen drängeln sich in und vor der Kathedrale Notre Dame, um den Schauspieler Gérard Depardieu[9] zu hören. Er liest Texte, die ihn bewegen, Texte des heiligen Augustinus. »Die Worte des heiligen Augustinus haben mich gefangengenommen«, sagt Depardieu. »Seine Reflexionen erscheinen mir überragend und haben mich an meinen eigenen Weg erinnert.«

Wie kam es dazu? Wie viele Franzosen zwar getauft, verbrachte Depardieu Kindheit und Jugend ohne Kirche. Er spürte schon eine Sehnsucht in seinem Leben, doch diese hatte für ihn keine Gestalt. Mit dieser Offenheit suchte er nach einem spirituellen Führer: »Ich war voll spirituellem Hunger, ohne davon zu wissen.« Und so stieß er auf Augustinus, jenen Mann, dessen Leben wie seines keineswegs direkt zu christlichem Glauben und Kirche geführt hat, sondern ein langer Weg des Suchens war.

Er beginnt seine Lesung mit einem Wort zum Offenwerden für Stille und zum aufmerksamen Hören auf sich selbst: »In dieser Stille wird man bereit für die Worte. Nach den gesprochenen Worten wird sich das Hören einstellen. Und aus dem Hören erwächst das Verstehen. Dieser Prozeß ist auch darauf angewiesen, daß er vom Glauben getragen wird, damit man in einen Zustand des Empfangens, der Bereitschaft gerät: innere Stürme beruhigen sich, Zweifel werden aufgehoben, und es beginnt erneut die Arbeit am Glauben.« So glaubt er als Erwachsener!

Zu dem Zeitpunkt, an dem wir das fünfte Lebensjahrzehnt betreten, so der Religionspsychologe James Fowler[10], haben wir entweder bereits mehrfach unser Leben hinterfragt, oder wir sind Kandidaten für eine größere Klärung unserer Berufung. Diese Jahre bringen das Bewußtsein, daß wir wohl mindestens die Hälfte unseres Lebens gelebt haben. Wir haben uns lange genug in der Erwachsenenwelt bewegt und hinter die Vorhänge der Lebensbühne geschaut. Während wir zwanzig oder mehr Jahre als Erwachsene gelebt haben, hatten wir genügend Möglichkeiten, die Horizonte unseres Lebens zu definieren und unsere Einflußmöglichkeiten zu erleben. Wir haben uns von den Träumen des jungen Erwachsenenalters anstecken lassen. Einige von ihnen haben sich erfüllt; andere Träume wurden erschüttert, vernachlässigt oder vergessen. Wenn wir wachsam waren, dann wissen wir jetzt Vieles – über uns, über die Welt, über unsere engsten Gefährten und vielleicht sogar über die Dinge, die wirklich wichtig sind. Doch eine Revision steht an, weil wir uns selbst besser kennen, uns manchmal hinterfragen. James Fowler sagt:

Der Hunger, unsere Berufung in der Lebensmitte zu reinigen und zu vertiefen, kann sich in einer Bandbreite von Symptomen und Formen offenbaren. Ein großer Anteil dessen, was wir als Burnout benennen, kann auf die Proteste der Seele rückgeführt werden, deren Sehnsüchte nach Be-

rufung zu lange vernachlässigt wurden, oder unterdrückt oder verletzt. Viele der Symptome der Midlife-Crisis – eheliche Unrast, berufliche Unzufriedenheit und andere Arten nicht benennbarer Ruhelosigkeit – können auf Angst und Furcht rückgeführt werden, die aus dem Scheitern unserer jungen Sehnsüchte entstehen. Ob wir Lebensziele nicht erreicht haben, von denen wir dachten, sie würden unsere Lebenssehnsüchte rechtfertigen, oder ob wir diese erreicht haben und nun feststellen mußten, daß wir darin uns selbst verfehlt haben, die wahre Leere kommt von der Entdeckung, daß die Strategie, uns nur in uns selbst zu gründen, eine unangemessene Basis für unser Leben ist.[11]

Die Zeiten, in denen wir diese Berufung hinterfragen, sind entscheidende Momente für unsere Lebensgeschichte. In den Augenblicken, in denen das Gewebe unseres Lebens reißt oder der Text unseres Lebens neu geschrieben wird, werden wir auf eine neue Weise für den Anruf des Geistes offen. Das sind Zeiten, in denen wir auf den Hunger unseres Herzens achten können; das sind Augenblicke, in denen wir uns für ein neues Vertrauen in den Grund des Lebens öffnen. Die persönliche Berufung verdichtet sich, indem mein Leben als einzigartig und neu aufscheinen darf, ich in Kontakt mit den Regungen meines Herzens komme, auch mit meinen negativen Erfahrungen und Empfindungen in Berührung kommen kann, indem ich mich neu engagiere, gerade auch für andere. Die spirituelle Grundlegung unseres Lebens kann sich neu formieren und vertiefen. Wiederum Fowler:

Wenn wir die Grenzen der Selbstbegründung in unserem Leben gefunden haben, sind wir sonderbar offen, auf neue Weise mit dem Grund unseres Seins in tiefe Beziehung zu kommen. Es ist wahrscheinlicher, daß wir eine Liebe und Leidenschaft für Gott entwickeln, wenn wir in der Lebensmitte die Scham und das schmerzvolle Wissen über uns selbst bekamen, daß wir mit unserem Handeln und unseren Absichten, die wir erreichen wollten, uns als verletzend denen gegenüber erwiesen haben, die wir lieben, und als destruktiv den Werten gegenüber, denen wir uns verpflichtet haben. Die persönliche Entwicklung in der Lebensmitte beinhaltet oft, daß wir uns in Selbsttäuschung eine blutige Nase holten, und das mit Erfahrungen, von denen wir in früheren Abschnitten unseres Lebens dachten, sie seien unsere Stärken.[12]

Ein Beispiel: Ein Seelsorger erzählt mir, daß er von Kindheit an dazu erzogen wurde, sorgfältig auf die Erfüllung seiner religiösen Pflichten zu achten. Seine Erziehung half ihm als jungem Menschen, ein geregeltes Gebetsleben zu entwickeln. Diese spirituelle Pflege gibt ihm bis heute Halt. Aber im Laufe der Jahre sind ihm auch seine Grenzen deutlich geworden: es fehlt ihm an geistlicher Offenheit. Seine religiösen Anschauungen sind manchmal starr. Das zeigt sich an einer normgerechten Gottesdienstvorbereitung, die andere Menschen als beengend und wenig lebensförderlich empfinden. Weil alle Gebete liturgisch korrekt gesprochen werden, fehlt in ihnen das Herz, und sie sind nicht lebendig.

Unterwegs zu einem verbindenden und nährenden Glauben

Die religiöse Entwicklung im Lebenslauf Erwachsener[13] verläuft in den meisten Fällen keineswegs geradlinig. Mit dem Eintritt in das Erwachsenenalter haben wir meist die gewohnte Glaubenswelt der Kindheit und des Jugendalters aufgegeben. Das bringt persönliche Trauer und Verluste mit sich, aber auch Gefühle der Befreiung und Erleichterung. Gott bekommt bis zur Lebensmitte viele Gesichter. Er wird nach dem Verlassen der gewohnten Gottesbeziehung für manche unkenntlich, für andere ist er nun ein gütiger Vater, der sich den Menschen zuwendet, oder ein partnerschaftlicher Begleiter. Für manche Menschen kommt es nach der Phase der Distanzierung von der ambivalenten religiösen Vergangenheit zur Wiederentdeckung, ja sogar zum erstmaligen authentischen Kennenlernen des Glaubens. Zusammengefaßt: Glaube muß sich wandeln vom konventionellen Glauben hin zu einem Glauben, der auf einer tieferen Basis ruht als der der gesellschaftlichen oder kirchlichen Konvention, und der von mir selbst bejaht ist.

Hat sich im Übergang zum Erwachsenenalter der eigene Glaube zu einem kritischen und reflektierten Glauben entwickeln können, so ist nun für manche Menschen in der Lebensmitte eine neue, umfassende Orientierung im Glauben angesagt. Die bisherigen Grenzen von Gut und Böse, von Wahr und Falsch werden durchlässig. Wahrheit bekommt mit wachsender Erfahrung viele neue Facetten. So wie das Leben an Paradoxien zunimmt, so sind auch die Gesichter des Glaubens vielfältig. Zum Beispiel entdeckt mancher Mensch in seiner Lebensmitte, wie er oder sie zu stottern anfängt, wenn er vom Göttlichen redet.

Die Vorstellungen von Gott wandeln sich. Gott ist immanent und transzendent, allmächtig und sich selbst begrenzend, Souverän der Geschichte und Fleisch geworden. Er ist nicht mehr ein eindeutiger Gott, sondern ein Gott, der uns in vielen Erfahrungen begegnet, nahe und fern zugleich ist. Symbole werden nicht mehr verstandesmäßig zerlegt, sondern auf eine neue Weise erschließen und verhüllen sie zugleich. So wie ich weiß, wer ich bin, und mich gleichzeitig nicht kenne, so wie Macht und Ohnmacht mein Leben prägen, so wie ich mit den konstruktiven und destruktiven Teilen meiner Seele in Kontakt komme, so erlebe ich nun auch, daß die Erfahrung, ein Gerechter und Sünder zu sein, mitten durch mein eigenes Herz geht. Ich darf Gottes geliebtes Kind und sein Partner sein, und zugleich ist er mir fremder als jemals zuvor.

Meine eigene Glaubensgemeinschaft kann mir zunehmend mehr bedeuten, und ich kann mich in ihr vertieft engagieren; gleichzeitig erkenne ich, wie andere Glaubensgemeinschaften und Traditionen die Tiefe menschlicher und religiöser Wahrheit in anderer Gestalt leben. So taucht, wenn ich auf die religiöse Entwicklung schaue, ein neues Lebensthema auf: meinen Glauben aus der Spannung von Offenem und Verschlossenem, von Hoffen und Scheitern, von Getragenwerden und Springen in das Nichts zuzulassen.

Herausforderungen

Mit den sichtbar gewordenen Stärken und Schwächen umgehen, mein Leben neu ausrichten, religiöse Veränderungen im Gottesbild und den eigenen Gotteserfahrungen zulassen, auf neue Weise etwas schaffen, konstruktive Beziehungen leben und schließlich mit der letzten Grenze unseres Lebens umgehen lernen – all das sind Themen, die des Lebens Mitte bestimmen. Im Folgenden werde ich diese Themen näher beleuchten. Dabei soll jeweils ein Text aus der spirituellen Tradition der frühen Kirche eine Hilfestellung geben. Abschließend kommen dann Schritte für die eigene Lebenspraxis in den Blick.

Das sich entfaltende Gewebe meines Lebens

Bevor ich jedoch diese einzelnen Themen der Lebensmitte ausführe, lade ich Sie zu einer Übung[14] ein, die Sie dazu führen kann, das eigene Lebensgewebe anzuschauen. Nehmen Sie hierzu ein größeres Blatt und unterteilen Sie es in sechs Zeilen mit neun Spalten. In die erste Zeile schreiben Sie bitte folgende Überschriften:

1. Meilensteine in meinem Leben
2. Personen und Beziehungen
3. Mein Handeln und Tun
4. Gesellschaftliches Engagement
5. Leiberfahrungen
6. Wichtige Lebensereignisse
7. Krisen und Entscheidungen
8. Werte und Lebenseinstellung
9. Glaube(n)

Nehmen Sie sich nun ausreichend Zeit – erfahrungsgemäß 40 bis 50 Minuten –, um Feld für Feld das so entstehende Lebensnetz zu bearbeiten. Das wird Ihnen helfen, wichtige Erfahrungen zu vergegenwärtigen, die Ihr Leben im Übergang der Lebensmitte prägen. Ziehen Sie sich an einen Ort zurück, an dem Sie ungestört sind. Geben Sie sich die Zeit, um in Ruhe und entspannt zu sich zu kommen. Achten Sie auf Ihren Atem.

Nehmen Sie sich zunächst Zeit für die erste Spalte *Meilensteine*. Wenn Sie das Gefühl haben, nun bei sich zu sein, lassen Sie Ihr Leben vor Ihrem inneren Auge aufsteigen, von der Geburt bis heute. Einzelne Episoden werden vor Ihnen aufsteigen – sie dürfen kommen und dann wieder gehen. Wichtige Ereignisse werden gegenwärtig und bleiben haften. Meilensteine Ihres Lebens schälen sich heraus. Meilensteine, das sind Zeiten, in denen sich das Leben verdichtet. Oft werden sie von einer Zeit der Unsicherheit und der langen Suche begleitet und führen schließlich zu einer Klärung über wichtige Perspektiven unseres Lebens. Meilensteine haben eine besondere Qualität im Leben. Meilensteine sind manchmal Momente, manchmal Perioden unseres Lebens, in denen Markierungen gesetzt werden, die Ihnen helfen, Ihr jetziges Leben zu verstehen. Es entstehen innere Zusammenhänge, die sich zur Linie Ihres Lebens zusammenfügen.

Entscheiden Sie sich für 5 Meilensteine von der Geburt bis heute und tragen Sie diese in die erste Spalte ein. Wählen sie dann einen Meilenstein aus, der nun in einen inneren Dialog mit den verschiedenen Facetten Ihres Lebens treten soll. Sie können sich dabei an den folgenden Leitfragen orientieren und sich Notizen in der entsprechenden Zeile machen:

- *Personen und Beziehungen*: Wer waren in dieser Zeit die Menschen, die mich beeinflußt und geprägt haben? Welche Bedeutung hatten sie für die Entwicklung meines Lebens? Waren diese Beziehungen eher dramatisch oder eher alltäglich?
- *Mein Handeln und Tun*: Was waren meine Aktivitäten, auf die ich meine Energie richtete und die für mich bedeutsam waren? Das können Werke sein, die ich während dieser ganzen Zeit tat, aber auch Ideen, Angegangenes und nicht Vervollständigtes.
- *Gesellschaftliches Engagement:* Habe ich mich gesellschaftlich, sozial oder kulturell engagiert?

Habe ich meine Beziehungen zu gesellschaftlichen Gruppen und Institutionen verändert oder vertieft?

- *Leiberfahrungen:* Welche von meinen Erfahrungen hatten in dieser Zeit vor allem mit dem physischen Aspekt meines Lebens zu tun? Das kann Krankheiten beinhalten, aber auch körperliche Glückserfahrungen, meine Sexualität oder Erfahrungen der Natur.
- *Wichtige Lebensereignisse:* Fanden für mich wichtige Ereignisse statt? Gab es Situationen, in denen mich mein Leben besonders mit dem Leid oder mit den glücklichen Seiten des Lebens herausforderte?
- *Krisen und Entscheidungen*: Habe ich eine krisenhafte Zeit durchgemacht, und wie zeigte sich diese Krise? Kam ich mit den negativen Seiten meiner Persönlichkeit in Berührung? Kam ich an Weggabelungen in meinem Lebensweg, an denen ich mich entscheiden mußte? Konnte ich meine Entscheidung beeinflussen oder nicht? Wie auch immer: Da war eine Spur in meinem Leben, und eine andere habe ich nicht eingeschlagen. Ist diese nicht eingeschlagene Spur immer noch eine Möglichkeit in meinem Leben?
- *Werte und Lebenseinstellung*: Was ist mir in dieser Zeit wichtig geworden? Welche Personen haben meine inneren Einstellungen in dieser Zeit am deutlichsten geprägt? Kann ich mich an Erfahrungen erinnern, die mir das Menschsein erschließen halfen?

- *Glaube(n)*: Hat sich in dieser Lebensphase meine religiöse Praxis entscheidend geändert? Welche Akzente haben den Horizont meines Lebens geprägt? Wie kann ich diese Grunderfahrungen beschreiben?

Die noch nicht erarbeiteten Meilensteine können Sie nun Schritt für Schritt betrachten.

II. Herausforderungen der Lebensmitte

Mich der inneren Unruhe stellen

Krisen, Enttäuschungen, aber auch Erfolge geben meinem Leben Kontur. Manches habe ich erreicht und darf stolz darauf sein. Doch mit jedem Akzent, den ich setze, verbaue ich mir andere Wege. Meine eigene Begrenztheit tritt zu Tage, denn spätestens jetzt, in der Lebensmitte, merke ich, daß manche Entscheidung nicht mehr rückgängig gemacht werden kann. Innere Unrast und Unruhe können zur vertrauten Stimme in mir werden, begleitet vom Gefühl, daß ich die Orientierung über mein Lebensziel verliere.

»Zu oft treibe ich mich bei Aufgaben an, als hätte ich dazu die letzte Gelegenheit. Manchmal denke ich, daß ich als Kollegin ein richtiges Ekel sein muß: immer weiter, immer mehr, immer Neues, und das nur, weil ich mit mir selbst unzufrieden bin. Ich habe erkannt, daß ich Angst habe zu scheitern. Nach außen hin werde ich hektisch und aggressiv, mit mir selbst aber bin ich unzufrieden. Ich muß mich ändern. Einfach ist diese Umstellung nicht, weil mir meine persönlichen Schwächen sichtbar geworden sind. Jetzt erkenne ich,

daß ich ein jähzorniger Mensch bin. Einstellungen, die ich während der Pubertät bei meiner Mutter abgelehnt habe, sind heute meine eigenen. Komisch, oder nicht? Mir graut es manchmal innerlich, wie ich mit meinen Kindern umgehe, ihnen nicht zuhöre und mit anderen Dingen beschäftigt bin, obwohl ich doch eine viel bessere Mutter sein wollte. Als mir klar geworden ist, was mich umtreibt, da konnte ich auch meine Lebenseinstellung verändern.«

So beschreibt mir eine Bekannte ihre Situation. Wir mögen sie schon immer gehabt haben, doch negative Gefühle – treue Begleiter innerer Unrast – werden in der Zeit des mittleren Erwachsenenalters besonders sichtbar: Enttäuschung, Niedergeschlagenheit, Traurigkeit, Wut und Ärger, Haß, Ekel, Scham und Schuld können einem das Leben schwer machen. Krasse Verhaltensweisen können sichtbar werden: da fängt man an, jemanden aus Unbeherrschtheit ungerechtfertigt anzuklagen, läßt seinen Ärger aggressiv aus, beschuldigt sinnlos einen Menschen, zeigt seinen Haß durch Liebesentzug. So kann die innere Unruhe aggressiv nach außen dringen, aber auch einen selbst niedergeschlagen machen. Negative Gefühle können aber auch zur Quelle neuer Stärken werden, denn durch die Emotionen kommen wir in Kontakt mit unserem Inneren.

Beispiel Aggression

Ich will dies am Beispiel des Umgangs mit Wut und Ärger aufzeigen. Wut und Ärger sind Ausdruck unseres eigenen seelischen Erlebens. Der Puls steigt, das Herz rast, der Magen verkrampft sich. Ärger hat mit frustrierten Wünschen zu tun. Wir reagieren verärgert auf eine als ungerecht empfundene Benachteiligung. Wir ärgern uns, weil uns andere gekränkt haben, und fühlen uns nicht respektiert. Aus diesen Gefühlen können bestimmte Einstellungen und Verhaltensweisen entstehen, beispielsweise ein schlechtes Bild über einen Menschen oder Zorn, der übrigens die Verbindung von Ärger und Wut ist. Wut beeinflußt mein Körperempfinden negativ. Ich reagiere auf diese Gefühle, und wenn ich ehrlich zu mir bin, liegen auch eigenes Ermessen und freie Entscheidung darin, wie ich mit meinen Gefühlen umgehe. Es geht also darum, Wut, Ärger und Aggression in gelingender Weise bei sich zuzulassen.

Ärger und Zorn beziehen sich sowohl auf andere als auch auf mich. Ich spüre, daß jemand anders hätte handeln sollen. Mein Ärger löst Verärgerung aus. Dann wird mein Ärger zu einer Strategie, um mit diesem anderen Menschen in Kontakt zu treten, wenn auch in einer nicht hilfreichen, distanzaufbauenden Weise. Im Zorn verletze ich oft den anderen Menschen. Oft gehen mit dem Zorn Rachegefühle einher. Gleichzeitig zeigt sich: wer seine Wut unterdrückt und abwehrt, erntet oft Erschöpfung, Niedergeschlagenheit und Traurigkeit. Wenn ich auf die innere Stimme des Ärgers höre, dann bemerke ich meist ein verlorengegangenes oder beschädigtes Selbstwertgefühl.

Die Gefühle der Abhängigkeit und Hilflosigkeit sind überstark in mir geworden. Ich habe den Eindruck, daß ich die Kontrolle und die Macht über mich selbst verloren habe. Ich glaube nicht mehr, daß ich in dieser verfahrenen Situation etwas bewirken kann. Der Ärger darüber frißt sich in mich hinein. Oder mein übersteigertes Gefühl, ein vollkommener Mensch und ohne große Fehler zu sein, ist angekratzt. Wut und Ärger machen mich so auch im Inneren klein. Ich empfinde mich als einen Menschen ohne Wert. Wenn ich also hinter die Kulissen dieser negativen Gefühle schaue, dann wird mir deutlich, daß das eigene Ich Risse bekommen hat, daß viel mehr auf dem Spiel steht als das oberflächlich sichtbare Gefühl. Ich muß mich ändern.

Die Kunst, sich selbst treu zu sein

Genau diese Erfahrung nimmt mit psychologischer Feinfühligkeit die Geschichte zweier Wüstenväter auf, von denen einer vor lauter innerer Unruhe nicht mehr weiter weiß.

Jemand sagte zum Altvater Arsenios: »Meine Gedanken quälen mich, indem sie mir sagen: Du kannst nicht fasten und auch nicht arbeiten, so besuche wenigstens die Kranken; denn auch das ist Liebe.« Der Greis aber, der den Samen der

Dämonen kannte, sagte zu ihm: »Geh und iß, trinke, schlafe und arbeite nicht. Nur verlaß Dein Kellion nicht.« Er wußte nämlich, daß das Ausharren im Kellion den Mönch in seine rechte Ordnung bringt.[15]

Verunsicherungen quälen den Bruder in der Wüste. Er ist sich – das können wir wohl aus dem Text schließen – seines eigenen Weges nicht mehr sicher. Er ist ratlos, weil alle bisher praktizierten Übungen nicht mehr fruchten. Sein bisheriger Lebensstil trägt nicht mehr. Sein Lebensentwurf ist ihm verlorengegangen. Er fragt einen erfahrenen Begleiter um Hilfe. In diese Situation der tiefen persönlichen Verunsicherung hinein gibt der Altvater seinen Rat:

»Dort, wo Dir alles schwer fällt und Du keinen Sinn mehr in Deiner Lebensaufgabe siehst, tue nicht einmal mehr ein Werk der Nächstenliebe, denn auch noch dieses Werk könnte Dich von Dir ablenken. Unterbreche alle Übungen, die Du bisher getan hast, und in der Unterbrechung wird etwas Neues auftauchen. Lediglich an einem halte fest: verlaß den Lebensraum, den Du gewählt hast, nicht. Bleib Deinem Lebensmittelpunkt treu. Weiche Dir nicht aus. Das wird Dich wieder in die rechte Ordnung führen. Dann wirst Du wieder zufriedener sein.«

Altvater Arsenios tut damit etwas, was uns heute in der therapeutischen Begleitung als Musterunterbrechung bekannt geworden ist: von festgefahrenen Verhaltensweisen und Lebensmustern Abstand zu nehmen, diese einmal bewußt zu unterlassen, um dann mit sich selbst konfrontiert auf sich zu hören und zu erkennen, was im Inneren als neue Lösung entsteht. So geht es darum, wachsam auf sich zu achten, wo sich Einstellungen verhärtet haben, ein vertraut gewordenes, aber blockierendes Verhalten zu unterbinden, dann auf sich zu hören, was in der Leere entsteht, Lösungen zu entwickeln und einen neuen Weg auszuprobieren. Die inneren Unruhestifter werden zum Hinweis auf uns selbst.

Doch wie das Leben ist: so schnell geht es nicht, die mit der Unlust einhergehenden schlechten Gedanken und Gefühle zu bekämpfen. Widerwille und Traurigkeit verdrehen die Lebensenergie, werden zur schlechten Einrede: Was soll das Ganze? Ich weiß gar nicht, wo ich mit meinem Leben hin soll.

Dennoch gibt es einen Weg der Heilung, der die Unruhe nutzen läßt als Antriebskraft für das Leben. Dazu ist es in einem ersten Schritt notwendig, sich selbst genau zu kennen, in allen Regungen der Seele, auch den schlechten, damit wir mit ihnen umgehen können. Man braucht die sorgfältige Selbstbeobachtung, die Wahrnehmung der inneren Gedanken und Gefühle, das differenzierte Aufmerken auf unsere Wünsche, und dabei werden wir unweigerlich Schattenseiten in uns feststellen. Doch um diese Konfrontation auszuhalten, ist es wichtig, der inneren Unruhe nicht nachzugeben und alles stehen und liegen zu lassen. Dazu ist es hilfreich, ein geregeltes Leben zu führen und den eingeschlagenen Lebensweg beizubehalten, damit durch das äußere Tun die innere Ordnung gestärkt werde. Das meint der Altvater im positiven Sinne, wenn er davon spricht, sein Mitbruder solle in der Zelle bleiben. Obwohl er in seinem Frust und in seiner Ratlosigkeit am liebsten alles hinwerfen möchte, soll er zu seiner einmal gewählten Lebensentscheidung stehen. Damit ist kein heroisches Aushalten gemeint, sondern ein Innehalten, damit die Seele wieder in ihm Platz nehmen darf.

Nochmals zu unserem Beispiel: Es wundert uns nicht, daß die alten Mönche Wut und Zorn kennen, diese Schattenseiten menschlichen Lebens offensichtlich selbst durchlebt haben. Evagrius Pontikus[16] zum Beispiel, der als Vierzigjähriger nach einer glanzvollen Kirchenkarriere in die Wüste ging und schon ein halbes Jahr später alles hinwerfen wollte, einer, der gegen die größten Widerstände und in anstrengender Suche endlich sich selbst fand, erzählt davon. Wut und Zorn entstehen – hier ist Evagrius dem heutigen psychologischen Verstehen sehr nah – durch Beleidigung, ungerechte Verleumdung, falschen Tadel und Verdächtigung. Zunächst beobachtet er uns Bekanntes: Wut und Zorn wecken Haß und Rachegefühle gegen andere, Jähzorn und Hochmut – ich kann ja alles besser! – werden in uns geweckt. Sie bringen einen innerlich zum Kochen und steigern die Rachegelüste ins Unermeßliche. Mit der Friedfertigkeit ist es aus, man wird zur »einsamen Wildsau«[17], die Gefühle drehen in einem durch, der Verstand ist blockiert, die eigene Seele wird zum

Abergeist: nichts will mehr stimmen, gegen jede gute Absicht erhebt sich eine Gegenstimme. Das Lebensprogramm kippt. Die innere Verfassung bricht zusammen, das Seelenleben gerät durcheinander. Im Inneren spielt sich ein »schweigender Kampf«[18] ab, sogar die Gottesbeziehung stimmt nicht mehr. Das Lebenshaus ist in Unordnung geraten.

Dabei kann, so Evagrius, der Zorn durchaus ein guter und starker Teil der Seele sein, zur Lebenskraft werden. Nur mußt du, sagt er, dich genau kennen. Nutze die Kraft, die im Zorn liegt, zum Widerstand gegen deine Schattenseiten, wende diese Energie gegen die persönlichen Fehler und Schwächen auf, lenke die Gedanken, die im Zorn gegen andere gerichtet sind, nun auf dich selbst. Du wirst dich dabei besser kennenlernen. In Groll und Ärger, Verstimmtheit und innerer Verwirrung liegen Hinweise, wo dein eigenes Seelenleben aus dem Lot geraten ist. Achte sorgsam auf deine inneren Regungen und überwache dein Herz. Das wird dich besänftigen und zu einem Menschen machen, der nicht nur toll und vollkommen sein muß, sondern auch wütend, zornig und schwach sein darf.

Zur Kraft in mir kommen

Die Erkenntnis der Wüstenväter hilft mir nun weiter, wenn ich mit meiner Unruhe umgehen will, wenn ich Versöhnung mit mir selbst einüben und zur Kraft in mir kommen will. Das heißt:

Die innere Unruhe als Teil meines Lebens nutzen.
Ich brauche mir nichts vorzumachen. Wie viele andere Menschen in der Lebensmitte mag mich, wenn ich Bilanz ziehe, die Frage bedrängen: Wohin? Zu viel kann los sein, und ich mag mich fragen: Wo sind nun die Prioritäten? Ich mag sogar unzufrieden sein über mein Leben und mich fragen: Was will ich nun? Diese Fragen können mich in eine innere Unruhe versetzen. Ich kann die Unausgeglichenheit spüren. Dagegen kann ich etwas tun: meine Unruhe ist ein Signal, das mir mein Inneres gibt. Ich kann innehalten und bilanzieren, welche Ziele mir jetzt wichtig sind, wo ich Prioritäten setzen will, was mir jetzt wieviel wert ist – Beruf, Familie, Hören auf mich selbst.

Negative Seiten in mir zulassen!
Wut und Ärger können zu einer konstruktiven Haltung erwachsen, denn ich kann mich entscheiden, wie ich eine gefühlsbesetzte Situation verstehe und damit umgehen möchte. Ich kann in meinem Ärger verharren oder über ihn hinausgehen. Ich kann meine Wut als Quelle von Kraft und Energie verstehen und sie zur Antriebsfeder meines Handelns werden lassen. Im Zorn kann ich in Kontakt zu mir selbst kommen und kann mich von anderen abgrenzen. Aber ich kann nochmals selbst über das Gefühl hinausgehen und mich befragen, welche Botschaft ich selbst in einer aufgeladenen Situation gebe. Ich kann, indem ich meine Gefühle kontrolliere und mit meinem Gegenüber darüber ins Gespräch komme, zur Verständigung beitragen.

Die persönliche Stärke in der Schwäche sehen lernen!
Meine eigenen Schattenseiten und Grenzen anzunehmen hat immer auch mit der Erfahrung persönlicher Macht und Stärke zu tun. Denn hier werde ich im Tiefsten mit mir selbst konfrontiert, mit meiner eigenen Begrenzung, vielleicht Ohnmacht über mich selbst, die mich aber auf der Gegenseite immer wieder dorthin führen kann, wo ich etwas gut kann. Ich erfahre, daß ich meine eigenen Einstellungen kontrollieren kann und stark sein kann, wenn ich mein Leben selbst in die Hand nehme. Das gibt neues Selbstvertrauen und Selbstwert. Ich erfahre, daß meine Kraft mich stark macht, mich für andere und mit anderen einzusetzen.

Die Lebensentscheidung prüfen.
Klar, in manchen Fällen ist es sinnvoll, sein Leben radikal zu ändern, weil die Bilanz ein dickes Minus in das Lebenskonto schreibt: eine Beziehung kann sich als brüchig erweisen, eine wichtige berufliche Entscheidung muß revidiert werden, oder die Energie muß auf bisher unterbelichtete Facetten des Lebens gerichtet werden. Dann ist es auch angebracht, das Ruder herumzuwerfen. In der Stunde des Hinterfragens muß es aber auch erlaubt sein zu fragen, ob die innere Stimme, die dazu drängt, alles aufzugeben, nicht zur Flucht vor sich selbst verleitet. Wo der Zweifel an einer Lebensentscheidung aufkommt, dürfen wir diesen Fragen nicht ausweichen: Welche Visionen haben mich einmal bei meiner Lebensentscheidung

getragen? Welche Werte sind mir heute wichtig? Wo verletze ich die Treue zu mir selbst, wenn ich mich gegen mein bisheriges Leben entscheide?

Von einem, der diesen Fragen nicht ausgewichen ist, erzählt der nächste Schritt.

Meiner Seele Raum geben

Die Lebenswende verschont einen nicht. Für die Entwicklung der eigenen Persönlichkeit gewinnt die Sorge um sich selbst wieder mehr an Bedeutung. Da sagt mir ein Freund in seinen Vierzigern:

»Ich habe wieder angefangen, mehr auf mich zu achten, auf meine Gefühle, meine Bedürfnisse, und traue meiner Intuition wieder mehr, wenn ich etwas zu entscheiden habe. Einfach ist das nicht. Von heute auf morgen gelingt mir diese Umstellung nicht. Aber es sind mir andere Werte wichtiger geworden. Ich mache immer noch viel im Beruf, manchmal auch noch zu viel, weil ich auch Lust an der Arbeit habe. Doch ich muß in der Arbeit nicht bei jedem Projekt dabei sein und lasse die Dinge auch einmal laufen. Ich mache wieder Sport und lerne meinen Körper neu kennen. Ich höre wieder lieber Menschen zu.«

Das Beispiel zeigt mir, welche Chance die Lebensmitte bietet. Innere Werte – Beziehungen, Da-Sein, Kreativwerden, Zuhören – werden wichtiger. Äußere Werte wie das Bedürfnis nach Geltung verlieren an Farbigkeit und Bedeutung. Erfolg zählt nicht mehr so viel. Was trägt, ist die Haltung von innen heraus. Der Wunsch, seinem Leben einen neuen Sinn zu geben, wird stärker. Die Sorge um sich selbst und um Menschen, die einem wichtig sind, wächst. In der Spannung von erarbeitetem Erfolg und der Einkehr zu sich setzt ein allmählicher Umbau zugunsten des zweiten Pols ein. Es steht die Wende nach innen an. Die

Selbstverantwortung nimmt zu. Konnte bisher ein entscheidender beruflicher Schritt von außen gelenkt sein und unter größeren Opfern aufgenommen werden, so ist jetzt der Blick bei einer anstehenden Veränderung schärfer. Was kann und will ich an der neuen Stelle erreichen? Wird das, was ich dort tue, mich zufrieden stellen? Ist es mir möglich, Sinnvolles zu tun? Welche Kosten will ich auf mich nehmen? Was ist mir wirklich wichtig? Muß ich all die vielen Aktivitäten starten, um mit meinem Leben zufrieden zu sein? Wo will ich meine Prioritäten setzen? So wird die Zeit der Lebensmitte zur Zeit stärkerer geistiger Beschäftigung und größerer Offenheit sich selbst gegenüber.

Der Weg zu mir selbst ist ein innerer Reifungsprozeß. Was ich mit 25 Jahren noch nicht ahnte, ist mir mit 40 Jahren bewußt. Ich akzeptiere neue Stärken, die ich vorher vielleicht gar nicht annehmen wollte. Andere haben mich darauf gestoßen, wer ich wirklich bin. Träume treten zu Tage, die bisher unter den Wünschen und Ansprüchen anderer vergraben waren.

Die Lebensmitte ist der Ort, an dem die Intimität mir selbst gegenuber wächst oder endgültig verspielt wird. Unser eigenes, inneres Selbst, vielgestaltig, von Kindheitserfahrungen geprägt und eigenen Abgründen und Schattenseiten durchdrungen, belebt von vielerlei Gefühlen, voller Interessen und im Innersten getragen von der Sehnsucht nach Sinn, stellt uns die Frage nach der Einkehr in das eigene Lebenshaus. Die Schwelle zur zweiten

Lebenshälfte überschreitend bietet sich mir eine einzigartige Chance: neu mir selbst gegenüber vertraut und nahe zu werden, mich nun als den Menschen anzunehmen, der ich geworden bin.

Bei sich wohnen

Diese Erfahrung haben andere auch gemacht. In der Lebensbeschreibung des heiligen Benedikt, die Papst Gregor der Große verfaßt hat, finde ich folgende kleine Bemerkung:

Dann kehrte er an die Stätte seiner geliebten Einsamkeit zurück. Allein, unter den Augen Gottes, der aus der Höhe herniederschaut, wohnte er in sich selbst.[19]

Was war geschehen? Benedikt, der ein chancenreiches Leben vor sich gehabt hatte, hatte sich seiner inneren Berufung folgend in die Einsamkeit von Subiaco zurückgezogen. Schon bald muß er durch seine Lebensweise die Aufmerksamkeit anderer Menschen auf sich gezogen haben. Eine kleine Mönchsgemeinschaft wählt ihn zu ihrem Abt und geistlichen Führer. Doch das Experiment scheitert. Zu geradlinig ist Benedikt den Brüdern der Gemeinschaft. Sie versuchen, ihn durch Giftmord beiseite zu schaffen. Seine im Vorfeld geäußerten Bedenken, seine und deren Lebensweise würden nicht zusammenpassen, haben sich bewahrheitet. Er folgt seiner inneren Stimme und zieht sich wieder in die geliebte Einsamkeit zurück, um erst viel später mit dem bekannten Erfolg sein Lebensprojekt klösterlicher Gemeinschaft zu starten. Weil das In-sich-Wohnen nicht ohne weiteres verständlich ist, führt Gregor näher aus:

Hätte der heilige Mann die Brüder, die sich einmütig gegen ihn verschworen hatten und deren Lebensweise sich von der seinen sehr unterschied, lange unter Zwang führen wollen, so hätte er vielleicht seine Kräfte überfordert, die innere Ruhe verloren und das Auge seines Geistes vom Licht der inneren Schau abgewandt. Wenn er, Tag für Tag von ihrer Unverbesserlichkeit ermüdet, weniger auf sich selbst geachtet hätte, dann hätte er vielleicht sich selbst verloren, ohne die anderen zu finden.

Sooft wir nämlich durch die Unruhe der Gedanken zu sehr aus uns herausgeführt werden, sind wir zwar noch wir selbst, aber nicht mehr in uns selbst; denn wir verlieren uns selbst aus dem Blick und schweifen anderswo umher.

Können wir sagen, daß jener junge Mann in sich war, der in ein fernes Land zog, das erhaltene Erbteil verschwendete, sich dort einem Bürger aufdrängte und die Schweine hütete? (...)

Darum also wollte ich sagen: Der heilige Mann wohnte in sich selbst, weil er stets wachsam auf sich achtete, sich immer unter den Augen des Schöpfers sah, sich allezeit prüfte und das Auge des Geistes nicht außerhalb seiner selbst umherschweifen ließ. (...)

Der heilige Benedikt wohnte also in sich selbst, soweit er über seine Gedanken wachte. Jedesmal aber, wenn die Glut der Kontemplation ihn in die

Höhe fortriß, ließ er sich ohne Zweifel unter sich zurück.[20]

Was wir da in einer uns zunächst fremd anmutenden Sprache vor uns liegen haben, zeigt sich bei näherem Hinsehen als ein detailliertes Programm zur Lebenswende. Gregor selbst gibt uns hierzu einen Hinweis. In der vorhergehenden Episode[21] war Benedikt als junger Mann von starken körperlichen Begierden heimgesucht worden. Gregor kommentiert, daß der Mensch bis zum 25. Lebensjahr mit sich und seinen Begierden beschäftigt sei. Erst mit 50 Jahren könne er aber »Hüter der heiligen Gefäße« werden, das heißt Menschen führen und für andere spirituelle Verantwortung übernehmen. Die Lebensmitte kann für Gregor ein längerer Zeitraum sein, eine Zeit, in der der Mensch wirklich zu sich kommen muß und sein Herz Ruhe findet, die Zeit des In-sich-Wohnens. Die konkrete Gestalt des eigenen Lebens klärt sich und kann aus der inneren Stärke heraus ausgefüllt werden.

Lesen wir den Text über das In-sich-Wohnen noch einmal genau. Benedikt soll in dieser Lebensphase eine Gemeinschaft führen. Er wird mit einer anspruchsvollen Aufgabe konfrontiert. Gregor sieht das als eine Überforderung an. Zwang und übermäßige Kraftanstrengung führen dazu, daß man seine innere Ruhe verliert. Gregor selbst, der der höchste Zivilbeamte Roms gewesen war, dann einige Jahre klösterlich lebte und mit 50 Jahren das Papstamt übernommen hatte, wendet diese Erkenntnis auf sein Leben an. Er kennt diesen

Zustand genau, sagt er doch von sich selbst als Bischof: »Ich habe die Ruhe verloren und bin innerlich in Verfall geraten, obwohl ich nach außen hin erhöht worden bin.«[22] Die vielen Geschäftigkeiten im Bischofsamt sorgen dafür, daß er in äußeren Dingen aufgeht und dabei sein Inneres aus dem Blick gerät. Mehrfach beschreibt er bei sich die Niedergeschlagenheit und den Kummer eines Menschen, der durch Pflichtenhäufung in die Überforderung gerät und den inneren Frieden zu verlieren droht. Er ist von den Mühen der Amtslast erschöpft. Von den Gestaden seiner inneren Ruhe hat er sich schon längst entfernt, aber er sehnt sich danach zurück, wieder bei sich zu sein. Überlastung und Burnout, Resignation und hyperaktives Leben machen die Situation dessen aus, der sich selbst verliert. Damit wird der Weg, wie ihn Gregor an Benedikts Leben entlang nachzeichnet, auch für uns ein Weg, in sich selbst zu leben. Doch zurück zu Benedikt selbst.

Benedikt kehrt um. Im Scheitern steht die Umkehr an, für ihn eine Rückkehr in sich selbst. Er läßt den überfordernden Anspruch hinter sich. Denn die Überforderung des Führungsamtes hat seine Gedanken unruhig gemacht und ihn von sich weggeführt. Die »Gedanken«, das sind für Benedikt die verborgenen Wünsche und unerfüllten Sehnsüchte, die Gier nach Großmannssucht und Mehr im Leben, auch der Wunsch, einmal einfach auszusteigen und Abschied zu nehmen von dem, was eigentlich gefordert ist. Unruhe der Gedanken sind die nicht ausgelebten sexuellen Begierden und

Phantasien, die Lust, sich einmal einfach den Bauch vollzuhauen und den Süchten freien Lauf zu lassen. Unruhe der Gedanken entsteht, weil das Bedürfnis nach Anerkennung und Erfolg zu groß geworden ist, von außen aber nicht mehr gestillt wird.

Von allen diesen Ablenkungen gilt: nimm Abschied, begib dich in die Position des verlorenen Sohnes[23] hinein, der im Schweinekoben erst merkt, wohin er sich gebracht hat, ganz nach unten, in die bittere Entfremdung mit sich selbst.

Der erste Schritt: nimm dich selbst wahr, so wie du bist. Benedikt ist so einer, der in der Umkehr auf sich selbst achtet, sein inneres Auge schärft und sensibel wird für die eigenen Bedürfnisse. Er sieht davon ab, daß er ständig auf die Belange der anderen ausgerichtet ist. Benedikt lebt hier sicherlich nicht eine einseitig verstandene Selbstzentriertheit, er meint nicht, auf die Nächstenliebe verzichten zu müssen – den Mitbrüdern seiner Gemeinschaft hat er ja nachdrücklich vor Augen gestellt, daß diese nicht auf dem rechten Weg sind. Doch er nimmt seine Bedürfnisse und inneren Erfahrungen genau wahr und stellt sich der Last der Überforderung.

Damit fordert Benedikt mich auf, mein Herzensohr zu öffnen, ganz Ohr zu sein für die – vielleicht zugeschütteten – Regungen und Lebenskräfte der Seele. Wo bin ich von der Geschäftigkeit des Lebens abgelenkt und so zerstreut, daß ich mich wieder neu kennenlernen muß als Geschöpf Gottes, als ein Mensch mit Fehlern und Grenzen und zugleich liebenswert und geliebt?

Mit der Umkehr geht die innere Einkehr einher. »Unser Haus, das sind unsere Herzen«, hat Gregors Kollege im Bischofsamt, Augustinus[24], gesagt und damit den Ort der Einkehr in das eigene Lebenshaus deutlich gemacht. Es geht in der Selbstbeobachtung nicht nur um Selbsterfahrung, es geht vor allem auch um die Herzensruhe, jene Herzensruhe, die den inneren Frieden, Versöhnung mit sich und den anderen will. Der sich selbst suchende Mensch sammelt sich in seinem Herzen, damit er bei sich und seinem Schöpfer sei.

Dem Wohnen in sich folgt in einem weiteren Schritt das Wohnen bei Gott. Wer sich genau kennt, stellt sich in seiner Gebrechlichkeit unter die Augen des Schöpfers. Gott muß initiativ werden, und er wird es. Darauf vertraut der Suchende, daß er in Gottes Gegenwart verweilen darf. In die Gegenwart Gottes gelangen geschieht bei Gregor so in drei Schritten: der Mensch löst sich aus seiner Zerstreuung und kehrt um, er kehrt zu einem wahren Selbst zurück, und sein Herz findet die innere Ruhe vor Gott.

Selbstverantwortlich leben

Das ist ein gewaltiges Programm, und es sieht dazu noch so aus, daß es viel zu weit weg ist von unserer Lebenserfahrung. Bei sich wohnen – das ist doch Droge für Aussteiger und keineswegs realitätsnah. Was zählt, sind Erfolg, Leistung, Jugendlichkeit! Dennoch, auch wir können heute in unser Lebenshaus einkehren. Wir müssen es sogar, wollen wir nicht uns selbst wie der jugendlich sorglose Sohn im Schweinestall verlieren. Wenn ich so in mir wohnen will, helfen mir eine Reihe von praktischen Haltungen:

Auf mein Inneres hören.
Ich höre mich. Ich höre darauf, was meine Träume, Ängste und Hoffnungen mir sagen, werde aufmerksam auf meine Fähigkeiten und versuche, ganz Ohr zu sein für das, was meine Herzensstimme mir sagt. Dort, wo mein Herz ist, kann ich eins sein mit mir, kann dem Unerwarteten lauschen und mir selbst begegnen in einem tieferen, lebenerschließenden Sinn. Im Hören werde ich, reift meine Persönlichkeit weiter. Dazu muß ich mir aber Räume des Stillwerdens und der Einkehr in die innere Lebenswohnung sichern. Hinhören braucht Zeiten der Stille. In der Begleitung eines Seelsorgers, der unter Zeitdruck leidet, stellen wir beide fest, daß er keine Leerzeiten mehr eingeplant hat. Es fehlen ihm Zeiten des Sich-Begegnens in der inneren Wüste, die nicht nur Leere ist und Schweigen, sondern in der Stille manchmal einen Brunnen bietet. Einen ganzen Tag mit mir alleine in der Stille sein, mit mir alleine in einer stützenden Umgebung, ausgesetzt und geborgen, weg von den Ablenkungen des Alltags – das kann ein erster Schritt sein, um in das eigene Seelenhaus einzukehren und sich selbst wieder mehr lieben zu lernen.

Entscheiden, was ich mit meinem Leben will. Mit wachsender Erfahrung und neuen Herausforderungen bietet sich auch die Chance, sich umzustellen: neue Werte – Kreativität, Da-Sein, reife Beziehungen – treten im Leben dazu. Es braucht Mut, Abschied zu nehmen vom gängigen Lebensideal. Es braucht Mut, Berufs- und Lebensziele neu zu ordnen, weil der Abschied schmerzt und mich unweigerlich damit konfrontiert, daß etwas endgültig vergangen ist. Doch es lohnt sich, innezuhalten und sich zu fragen: Was will ich eigentlich mit meinem Leben? Welche Werte sind mir jetzt wichtig? Wie will ich meinen Beruf in meinem persönlichen Lebensstil gestalten?

Meine Seele pflegen durch einen ausgeglichenen Lebensstil. Ohne geistige Intimpflege verkommt mein Innenleben. Wann gebe ich mir Zeit und Raum, um auf meine innere Stimme zu hören? Seelenpflege setzt aber Hygiene in den Außenbereichen meines Lebens voraus. Denn mit den kleinen Verätzungen im Leben, die zur Selbstbeleidigung, Selbstvergiftung und einer negativen Einstellung sich selbst gegenüber fuhren, gehen die vielen kleinen Sünden eines ungesunden Lebensstils einher. Seelischer und körperlicher Gesundheitsschutz helfen mir selbst, fördern die eigene Gesundheit und eine positive Lebenseinstellung. Wo kann ich die Lebensrhythmen abbauen, die mich krank und hektisch machen? Wo sind in meinem typischen (Arbeits-)Alltag jene inneren Antreiber, die mich unter Druck setzen? Wo tue ich mir Gutes und gönne mir eine Lebensweise, die mich gesund erhält? Welche Beziehungen will ich besonders pflegen, weil diese mich inspirieren und lebensförderlich sind?

Innere Ordnung im Lebensmittelpunkt halten. Menschen in der Lebensmitte sind gefährdet in Sachen Lebensflucht; die vielen Biografiebrüche geben heute ein beredtes Zeugnis davon. Im begleitenden Gespräch werfen meine Gesprächspartnerinnen und -partner immer wieder die Frage auf: »Soll ich nun den Hebel umlegen und mein Leben ändern oder soll ich bei meiner einmal getroffenen Lebensentscheidung bleiben?« Eine Patentantwort habe ich nicht, jedoch ist mir deutlich geworden, daß die Flucht vor sich selbst auf jeden Fall der falsche Weg ist. Es geht um Treue zu mir selbst. Benedikt zeigt das. Denn er geht gut mit sich um, als ihm nach Flucht vor sich selbst zu Mute ist. Er flieht nicht vor seiner wahren Lebensbestimmung, sondern sucht sie erneut auf. »Bleib deinem Lebensmittelpunkt treu, auch wenn es dir schwer fällt. Geh in dein inneres Lebenshaus zurück.«

So seine Botschaft an uns. Er konfrontiert sich mit sich selbst. Er übt Geduld und Beharrlichkeit ein, indem er geregelt lebt und immer wieder in Abstand zur Lebenssituation geht, die von ihm selbst wegführt. Er stellt sich den Fragen seines Herzens, weicht den inneren Antreibern nicht aus, nimmt die persönliche Überforderung wahr, kennt

Hyperaktivität und die daraus entstehende Resignation, sucht seine wahren inneren Bedürfnisse. Benedikts Tun wird mir selbst zur Richtschnur.

Wer heute in Beruf und Leben ständig unter Strom steht, wird mit sich selbst konfrontiert, oder es machen Nerven und Körper schlapp. Benedikt geht in diesem Prozeß aber noch einen Schritt weiter, er geht den tiefsten Schritt der persönlichen Integration: er stellt sich unter die Augen seines Schöpfers, öffnet sich für Gott. Bemühe ich mich um die innere Ordnung, so wirft mich diese auf den wahren Grund meines Lebens zurück: auf Gott. Wo sind die Zeiten, in denen ich mein Leben rückbinde, Rückschau und Ausschau halte? Wo sind die Räume des Alltags, in denen ich still werde und mit meinem Herzensohr lausche, sich in mir vielleicht sogar ein Gebet auftut? Wo beginne ich zu ahnen, daß es mehr gibt in meinem Leben als nur mich – Gott?

Gott neu finden

In stillen Stunden mag man sich in der Lebensmitte der persönlichen Überzeugungen klar werden und sein Handeln absichern wollen. Das Leben wird einer Revision unterzogen. »Zu viele Berge wollte ich besteigen«, mag mancher und manche sich vielleicht sagen, »und die meisten habe ich nur halb geschafft.« Manchmal geht es dabei nicht recht vorwärts: Stagnation und das Gefühl der Leere können sich einschleichen. Manche Menschen, die ich begleite, berichten mir, daß eine stille Traurigkeit Teil ihres Lebens geworden ist. Desorientierung und Verlust gehören zu ihnen. Sie sind resigniert. Wie geht es mit dem Leben weiter? Immer wieder wählen sie dabei das Bild der Wüste, um ihren Zustand zu beschreiben. Dort sind sie ausgesetzt und einsam. Die Kontrolle über das eigene Leben ist verlorengegangen. Angst vor dem Unbekannten macht sich breit. Die eigene Verletzlichkeit wird spürbar. Leben steht still.

Wenn es gut geht, werden sie in der Konfrontation mit sich selbst still, finden im Schweigen den Weg zur Oase, zu neuen Orten der Fruchtbarkeit. Indem sie vom alltäglichen Leben Abstand nehmen, lernen sie, neue und unerwartete Erfahrungen kommen zu lassen. Nicht nur die Seele, so erzählen einige, auch ihr Glauben sucht Neues. So ist es so manchem wichtig geworden, sich neu auf seine Lebens- und Glaubensquellen zu besinnen.

Denn die Verunsicherung darüber, was denn das eigene Leben trägt, und die drängende Frage, was das Leben sinnvoll macht, läßt den eigenen Glauben nicht unberührt. So erzählen mir Betroffene im Gespräch, daß sie in dieser Zeit eine Krise des Glaubens erfahren haben, die oft zunächst in einer Krise ihrer Gottesbilder und im Abschied von überkommenen Glaubensformen sichtbar wird. Denn ein Gott, der alles richtet und die Herrschaft über mein Leben hat, mag der vertrauensvolle Gott der Kindheit gewesen sein; mit den Brüchen des Lebens ist dieser allmächtige, starke Gott über die Jahre hinweg ohnmächtig und schwach geworden.

Der Gott der guten Vorsehung mag einen in den frühen Jahren des Erwachsenenalters geleitet haben. Wo aber einer seinen Arbeitsplatz sinnlos verliert und den Kindern die Zukunft beschnitten wird, mag einem diese Vorsehung wie ein Hohn vorkommen. Langsam schwindet solch ein Gott aus dem eigenen Leben.

Dabei gab es doch die unhinterfragte Vorstellung, der Glaube sei einfach in unserem Leben da und Gott eben auch, es könne keine Krise des Glaubens für diejenigen geben, die aufrichtig glauben. Doch das ist ein Trugschluß. Mir begegnet ein bei vielen Menschen verbreitetes Gefühl, wenn sie nach durchstandenen Lebenskrisen sagen: »Ich glaube noch, aber nicht mehr so wie früher als Kind, und ich weiß nicht genau wie.«

Das Neue hat noch keine Gestalt gefunden. Aber sie müssen sich jetzt fragen, welche Konsequenzen dieser Verlust mit sich bringt, ob Glaube noch eine Rolle spielt oder nicht.

Was sich hier als eine Krise zeigt, ist zunächst keine Krise des Glaubens, sondern eine Krise der Konvention. Was einmal unhinterfragt übernommen wurde – Gebete, Riten, Teilnahme am religiösen Leben oder auch die Einstellung prägender Menschen –, kann nicht mehr automatisch geglaubt werden. Was ich selbst an Glaubenswissen und religiösen Einstellungen mühsam erworben habe, kann durch den Lauf des Lebens nochmals zerschlagen werden. So geht ein Glaube verloren, der im Grunde selbstgemacht ist und auf den eigenen Fähigkeiten aufbaut. Im Fernsein des selbstgemachten Gottes ist die »Fastenzeit des Lebens« (Karl Rahner), in der wir auf lieb gewordene religiöse Gewohnheiten verzichten müssen, um uns auf ein ganz anderes Glauben und tieferes Vertrauen in das Leben vorzubereiten.

Gottesferne und Gottesfinsternis

Ist es nicht so, daß sich die Gottesferne nicht nur auf den Verlust von lieb gewordenen Glaubensvorstellungen bezieht? Zeigt sich die Gottesferne nicht auch tiefer als Leere der eigenen Seele, als Finsternis im Herzen des Glaubens? Zeigt sie sich nicht in den ohnmächtigen Erfahrungen, daß Gott sein Angesicht vor uns verbirgt, daß die Dinge nicht mehr so sind, wie sie einmal zu Beginn des eigenen Glaubensweges waren?

Glaube ist nie selbstverständlich, sondern immer wieder angefochten und bezweifelt in der Erschütterung des Herzens. Leere und Müdigkeit können sich in jeder Seele breit machen. Das Beten will nicht mehr schmecken; die Worte sind kraftlos geworden. Der Gottesdienst erfüllt nicht mehr; das Herz feiert nicht mehr mit. Vieles geschieht aus reiner Pflicht. Aufgaben, vor Jahren mit Enthusiasmus angefangen, füllen das Leben nicht mehr recht aus.

Krisen beuteln. Beziehungen sind verlorengegangen. So bringt die Erfahrung der Krise und des Leides nicht nur den Abschied vom überkommenen Gott, sondern die bittere Frage mit sich: Kann ich überhaupt angemessen von einem Gott des Lebens sprechen, wenn ich solches Leid durchmachen muß? Kann ich im mühsamen Übergang der Lebensmitte überhaupt noch auf Gottes beständige Liebe setzen? Hat sich Gott mir entzogen?

Manchmal scheint Gott von der Bühne meines Alltags und der Wirklichkeit abgetreten. Der Scheinwerfer ist in die Leere gerichtet. Glauben zeigt seine andere Seite, offenbart sich als das Scheitern des Frommen: meine Suche wird nicht erfüllt. Mein Leben erscheint als eine grausame Ansammlung von Erfahrungen, in denen Gott sich nicht zeigen will. Ich erfahre Ferne, Zweifel und Verlassenheit. Mein Vertrauen ist auf das Äußerste strapaziert. Mein Herz ist leer. Mitten in dieser

Leere des verschütteten Herzens spüre ich: Gott schweigt. Mein Fragen und Ringen um Gott ist mühsam geworden. Die Rede vom da-seienden Gott gehört in das Reich der Worte, die ich nicht mehr zu glauben vermag. Gott ist der nicht mehr Faßbare geworden, von dem eine wirkliche Ahnung nicht mehr erhascht werden kann. Gott hat mich verlassen. Gott hat sich meiner Sehnsucht entzogen. Der ferne Horizont meines Lebens ist nicht mehr erreichbar.

Auf die Gottesfrage verzichten.

Wie können wir also mit der Erfahrung des abwesenden Gottes leben? Da kann uns wiederum ein Wort der Wüstenväter helfen, eines der kürzesten überhaupt:

Abbas Sisoes sprach: »Suche Gott, aber frage nicht, wo er wohnt.«[25]

Abbas Sisoes verzichtet darauf, die Gottesfrage zu stellen. Denn alles Fragen nach dem Wohnen Gottes – in seiner Schöpfung, unter den Menschen, im Licht der Erkenntnis oder auch im schweigenden Staunen – ist immer noch ein von Menschen gemachtes Bild. Gott muß fern sein von unseren Vorstellungen, damit er sich neu zeigen kann. Er wird zum abwesenden Gott.

Erst dann kann die innere Haltung erwachsen, der wahre Frieden, der Gott sucht in der Gewißheit, daß Gott sich nicht machen läßt, sondern in der Ohnmacht des eigenen Herzens Platz nimmt. So kommt es zu einer inneren Umkehr, deren Ziel es ist, ein Mensch zu werden, der seine Suche von Gott her beantworten läßt.

Gewaltiges passiert in diesem Moment des Umschwungs. Die Lebensausrichtung ändert sich. Ein Mensch muß Gott fahren lassen, wo eine zu vertraute Nähe ihn in festen Gottesbildern und in äußeren Glaubensvorstellungen blockiert, und sich dabei von Gott neu ansprechen lassen. Er verzichtet darauf, die Frage nach dem Sinn und damit nach Gott selbst zu beantworten, um eine Antwort in der Tiefe des Herzens zu finden, wo die wahre Sehnsucht ihren Ort hat.

Es geschieht eine Wende nach innen, oft von Schmerzen, Hader und Zweifel begleitet, weil ich hier wirklich mit Gott zu leben beginne. Es vollzieht sich ein innerer Führungswechsel, indem ich meiner Seele eine Ruhestätte bereite, die mir Friede und Gelassenheit schenkt und darin die Erfahrung, daß mein Leben geschaffen und getragen ist von Gott.

Der »zweiten Berufung« trauen.

Dann kann die Zuwendung des Menschen zu Gott eine neue Gestalt finden. Denn mit der ersten Zuwendung zu Gott ist nicht alles getan. Die christliche Tradition kennt von Anfang an die Bewährung der Jünger, die dem Herrn folgend sich an Karfreitag und Ostern dem Ruf Gottes neu stellen mußten. Sie nennt diese Erfahrung die »zweite Berufung« des im Glauben gereiften Menschen, dessen Kräfte nachlassen und dessen Begeisterung geschwunden ist, bei dem es nicht mehr weitergeht mit dem gewohnten geistlichen Leben und Gebet. Sie kennt die Gefahr, an dieser Stelle aufzugeben statt geduldig auszuharren. Sie kennt aber auch die neue Kraft, mit der ein Mensch sein selbstgemachtes Leben aus der Hand geben und sich Gott als dem wahren Grund seines Lebens anvertrauen kann. Sie kennt die veränderte Lebenspraxis.

Marcel Legaut[26], der Mitte der Vierziger seine sichere Universitätslaufbahn zu Gunsten eines Lebens in einer christlichen Gemeinschaft auf dem Land aufgibt, sagt über seine zweite Berufung:

»*Zwanzig Jahre lang habe ich in einem Zustand intellektuellen Brachliegens gelebt. Es war dies eine geheime, von der innersten Treue zugelassene, ja hervorgerufene Vorbereitung, damit das Leben Frucht tragen konnte. Was ich geworden bin, ist eine Frucht und nicht das Ergebnis eines klar gefaßten und fest verfolgten Planes. Das spirituelle Leben erträgt keinen vorgefaßten Plan, aber es ist immer fruchtbar, wenn es die genaue Folge der Treue zu den Folgerungen ist, die gebieterisch im klaren Bewußtsein des Menschen aufsteigen. (...) Das Wesentliche an meiner Lebensgeschichte ist nicht das Besondere, vielleicht Extravagante, sondern der innere Geist, der mich dazu geführt hat, mein Leben so zu gestalten. (...) Ohne daß ich es beabsichtigt hatte, ja ohne daß es mir überhaupt bewußt war, handelte es sich dieses Mal um eine zweite Lebenswahl. Ich hatte mein erstes Engagement zur Genüge gelebt und war noch jung genug, um etwas Neues zu unter-*

nehmen. Tatsächlich ist ein zweiter Beginn im Leben besonders fruchtbar, wenn er durch die mit Hilfe der ersten Erfahrung erreichten Reife vorbereitet wurde. Wie im Garten die Salatpflänzchen, so müssen auch wir in unserem Leben ‚versetzt' werden, um kräftigere Wurzeln zu treiben. Wenn man an einen fremden Ort zieht, entdeckt man das menschliche Leben in neuer Tiefe.«

Wo sind demnach die Erfahrungen und Motive, in denen sich immer schon der Ruf meines Herzens gezeigt hat? Was sagt mir meine innere Stimme? Wo spüre ich, daß meine bisherige Lebensaufgabe vertieft werden muß? Zeichnen sich neue Konturen ab? Regungen des Herzens, die in der Geschäftigkeit der letzten Jahre verschüttet waren, wollen jetzt wieder gehört werden: vielleicht ist das eine gemeinsame Reise, für die nie Zeit war und die für eine größere Sehnsucht steht, vielleicht will ich mich mehr für andere engagieren, vielleicht mich bewußt in die Stille zurückziehen, um endlich wieder zu spüren, wo Gott in meinem Leben wohnt. Vielleicht ...

Verwalter des abwesenden Gottes

Gott zeigt sich, indem er abwesend ist – das ist der Schritt vom Karfreitag der Seele zum Licht des Ostermorgens. Das ist ein tiefes Glaubensgeheimnis. Und während er abwesend ist, können im Abschied vom konventionellen Glauben und vom selbstgemachten Gott neue Antworten wachsen:

Sich der Krise des leeren Herzens stellen.
Wo der Glaubende an seinem Glauben verzweifelt, weil sein Herz leer geworden ist und die Gebete unerhört bleiben, wo er innerlich Gott treu bleibt, obwohl alle Gewohnheiten zu versagen scheinen, da erweist ihm Gott seine Treue. In der Mühe der ausgehaltenen Leere darf sich der Bote nähern, der Nahrung mit auf den Weg gibt. Gott wird sich zeigen – nicht mehr so sehr im jubelnden Gesang, sondern in der Stille des ohnmächtigen Herzens.

Gott im Paradox sehen lernen!
Gott erwartet dich und er entzieht sich dir. Er lenkt dein Leben und ist dir fern. Er ist da und nicht da. Er begegnet dir in der Ganzheit deines Lebens, nicht nur in Momenten des Glücks und Gelingens, sondern auch in der Müdigkeit und im Scheitern, in Krise und Leid. Was bisher leicht über die Lippen ging, darf angefragt werden; Zweifel, Angst und Niedergeschlagenheit haben ihren Platz im Gebet. Indem die Konventionen des Glaubens hinterfragt werden, kann er als der ganz Andere nahe sein. Denn welcher Gott ist dir fern? Ist es vielleicht der Gott der falschen Sicherheit, der in das eigene Weltbild eingepaßt wird? Scheint nicht in der Krise des hinterfragten Lebens nochmals ein ganz anderer Gott auf, ein Gott jenseits liebgewordener Vorstellungen und Gottesbilder?

Eine neue Sprache für meinen Glauben suchen.
Wo die Sicherheiten des Glaubens erschüttert sind und die gewohnten Worte versiegen, da muß eine

neue Sprache gefunden werden. Der Dichter Paul Konrad Kurz[27] bringt die Begegnung mit diesem Schweigen viel treffender ins Wort als dies sonst geschehen kann:

IM SCHWEIGEN
berührbar
DU

Im vibrierenden
Schweigen
nah

Hinhaltend
schwebendes
Schweigen

Verschwebendes
Schweigen Nichts
als DU

Heiliges Oster-
schweigen der Nacht.

Verwalter des abwesenden Gottes werden.
Die Abwesenheit eines Menschen ist nicht mit dessen Verlust und Nichtexistenz gleichzusetzen. Wenn ich in der Abwesenheit eines anderen Menschen auf ihn baue, dann lerne ich es, ihm tief zu vertrauen. Ich lerne Verläßlichkeit, Entschiedenheit, Hingabe in einer Aufgabe, die er mir übertragen hat. Ich lerne eine andere Form von Nähe,

wenn ein geliebter Mensch lange fort ist. Die Gedanken sind ihm nahe, mein Herz schlägt weiterhin für ihn. Doch dafür muß ich viel Kraft investieren. So ist auch die Abwesenheit Gottes nicht mit dem Verlust oder seiner Nichtexistenz gleichzusetzen. Im biblischen Beispiel: Der Auferstandene ist nicht der vertraute Lebensbegleiter, nicht der menschliche nahe Jesus der Jünger, sondern der, der nochmals ihren kleinmütigen Glauben umformen will. Das gilt auch für unseren Glauben.

Gottes Abwesenheit erzeugt ein Vakuum, das uns in der Verantwortung des erwachsenen Menschen ernst nimmt. Als Glaubende leben wir hier als seine Verwalter[28]. Während der Eigentümer abwesend ist, müssen Verwalter wichtige Entscheidungen treffen über das Hab und Gut des Eigentümers. Verwalterschaft gelingt nur, wenn sie auf gegenseitigem Vertrauen aufbaut. So hat uns der Abwesende in die Verantwortung berufen, das Geheimnis unseres Glaubens an andere weiterzugeben, und er tut dies vertrauensvoll. In welchem Lebensbereich bin ich in die Verwalterschaft gerufen?

»Die Abwesenheit des Herrn ist in der Tat eine spezielle Weise der Anwesenheit. Christus bleibt unter uns – aber nicht, um klare Antworten zu geben, sondern um uns zu verantwortlichen und mutigen Entscheidungen zu führen. Er ist in unseren Gemeinschaften anwesend, aber nicht als eine Autorität, die ein Ersatz unseres Erwachsenenseins ist und uns als Kinder übrig ließe. Es ist

eine Anwesenheit, die uns zwingt, am Aufbau und der Reinigung unserer Gemeinschaften teilzunehmen. (...) Für viele Christen wird diese Verbindung zwischen Verantwortung und Abwesenheit besonders stark in den mittleren Lebensjahren.«[29]

Daß diese Verantwortung zu einer Verantwortung für andere werden kann, soll im nächsten Schritt Thema sein.

Neue Aufgaben angehen

»Bis 35 will ich anerkannt sein, bis 40 sogar ein bißchen berühmt«, schrieb Erich Kästner als junger Mann an seine Mutter. Im mittleren Lebensalter, für viele Menschen der Höhepunkt der eigenen Produktivität, steht eine neue Form des Schöpferisch-Seins an. Während das Altern nun auch körperlich spürbar wird, die biologische Uhr nicht mehr aufgedreht wird, Zeit mit den fortschreitenden Jahren als knapper erlebt wird, stelle ich auf der anderen Seite fest, daß mein Wissen und meine Erfahrungen so zugenommen haben, daß ich Tieferes schaffen kann. Ich sehe zum ersten Mal richtig, was ich geschafft habe und was nicht, sehe das Gute und das Unentwickelte in meinem eigenen Leben. Ich spüre, daß ich meine verbleibende Zeit anders nutzen möchte und dies auch kann.

Neue Aufgaben stehen an: Ich will den Kindern den Weg zum reifen Erwachsenen ermöglichen. Soziale und kulturelle Verantwortung prägt sich neu aus: in einem neuen Engagement für eine Gemeinde oder eine gesellschaftliche Gruppierung, im Engagement für Menschen, die auf Unterstützung angewiesen sind, im Wunsch, eine gesellschaftliche Aufgabe zu übernehmen, die ein bleibendes Gut hinterläßt, im Blick auf das weitere Umfeld. Ich will den Beruf so gestalten, daß sich Erfolge durchtragen. Ich will tragende Beziehungen halten. Galt es bisher, etwas zu erreichen, so ist nun nicht mehr so sehr das Maß, sondern die

Qualität des Schaffens von Interesse für mich. Ich richte meine Fertigkeiten und Fähigkeiten neu aus. Denn je generativer das Leben in der Lebensmitte, so einschlägige Untersuchungen, desto zufriedener sind Menschen und desto mehr bannen sie die Gefahr der Stagnation. Es muß für manchen Mittvierziger neues Schaffen ins Leben.

Verantwortlichkeit, nachhaltiges Tun, meine Kompetenz und Fürsorge sind die Qualitäten, die das Leben in dieser Schaffensphase beschreiben. Mich anderen zuwenden, andere nähren, Verantwortung übernehmen, echte zwischenmenschliche Begegnung anstreben, vertrauensvolle Beziehungen entwickeln – das sind auf einmal Erfahrungen, die wichtiger sind als Leistung und Karriere. Dabei liegt es auf der Hand, daß nicht nur der Blick auf sich selbst, sondern auch die Sorge für den anderen Gestalt gewinnt.

Frucht bringen

Wie Vertrauen auf das eigene Handeln und Sorge für die Gemeinschaft das persönliche Wachstum prägen, zeigt die folgende Geschichte des Mönchsvaters:

Man erzählte vom Altvater Johannes Kolobos: Er zog sich zu einem thebaischen Greis in die Sketis zurück und führte ein Einsiedlerleben in der Wüste. Da nahm der Abbas ein dürres Stück Holz, pflanzte es ein und sagte: »Begieße es täglich mit einem Eimer Wasser, bis es Frucht bringt.« Sie waren so weit vom Wasser entfernt, daß er spät abends fortgehen mußte, um in der Frühe wieder zurück zu sein. Nach drei Jahren kam Leben in das Holz und es brachte Frucht. Der Alte nahm die Frucht, brachte sie in die Versammlung und sprach zu den Brüdern: »Nehmt und eßt die Frucht des Gehorsams.«[30]

Des Wüstenvaters innerer Weg ist zu gefährlich, als daß er ihn alleine gehen könnte – ein erster Hinweis auf die Gemeinschaft. Er sucht und braucht den Rat des erfahrenen Bruders. Seine Suche nach der Frucht seines Lebens erschließt sich ihm nicht intuitiv, sondern im Gespräch und in der Auseinandersetzung mit dem Anderen. Daraus lernt er, auf sich selbst zu hören und der eigenen inneren Stimme, die durch das Wort des anderen zum Klingen kommt, gewahr zu werden. Dabei kann der Rat – wie unsere Erzählung zeigt – ganz unerwartete Formen annehmen.

Denn es grenzt schon an Irrwitz, einem ausgetrockneten Stück Holz in der Wüste das Blühen zuzutrauen. Hier eröffnet sich uns das Vertrauen dessen, der im Auszug aus der selbstgemachten Sicherheit steht und hoffnungsvoll die Vision wagt, daß die Wüste blühen wird. An diese Vision glaubt er.

Der Entwicklungspsychologe David Levinson[31] hat uns darauf aufmerksam gemacht, daß zum Reifen des Erwachsenen die Transformation des eigenen Lebenstraumes gehört. Als junge Menschen formulieren wir den Traum, wer wir sein wollen und was wir einmal erreichen möchten. Über Kindheit und Jugend hinweg ermöglicht uns so ein Traum, die komplexe und oftmals wirre Welt des Erwachsenenalters zu betreten und das sich entwickelnde Lebensprojekt zu entfalten. In den Wirrnissen des Erwachsenenalltags tritt dieser Traum in den Hintergrund, geht manchmal verloren. Die Alltagspflichten und die berufliche Entwicklung reiben uns auf, und erst im mittleren Erwachsenenalter meldet sich leise die Stimme, die zu einer tiefgreifenden Klärung des Lebensprojektes ruft. Die Illusion, Grenzenloses zu bewirken, wird aufgegeben, die Anforderungen des Lebens werden auf das persönliche Leben hin eingeschätzt und realistischer wahrgenommen. Das eigene Tun bekommt, wenn diese Aufgabe gelingt, visionäre Kraft und Realitätsnähe zugleich. Im guten Fall können wir die visionären Teile des eigenen Lebens, die nicht gelebt wurden und liegen geblieben sind, wieder aufnehmen. Meist braucht dieser Prozeß eine lange Zeit – so wie es in der Mönchsgeschichte drei Jahre braucht, bis das Holz Frucht bringen kann.

Weiterhin deutet sich ein Lebensparadox an und fordert uns heraus: sich auf das Eigene zu konzentrieren und zugleich im Absehen von sich selbst mit anderen Menschen solidarisch zu sein, denn die Frucht der Mühe bleibt nicht unser Eigentum. Der Mönchsvater hat gelernt, seine Fähigkeiten ernst zu nehmen in Verantwortung für die Zukunft seiner Gemeinschaft. Jetzt ist die Zeit der erhöhten Zugänglichkeit für andere.

Ein letzter Aspekt: Von Gott ist in der ganzen Mönchsvatergeschichte nicht die Rede. Von der

Gottesferne im heutigen Alltag her besehen gewinne ich noch einen neuen Zugriff auf das Erzählte. An Gott zu glauben ist manchmal, wie an den dürren Stock zu glauben. Die Erzählung wäre ein Plädoyer für eine menschengemachte Gottlosigkeit, wenn nicht Richtungen gewiesen würden, mit der stillen Anwesenheit Gottes umzugehen. Der geläuterte Mönch bringt durch sein Tun Frucht für andere, und im Nehmen und Essen dieser Frucht eröffnet sich gemeinschaftliches Leben. Im Nehmen und Essen werden wir an das gemeinsame Mahl im Gottesdienst erinnert.

Eine fruchtbringende Spiritualität einüben

Drei Jahre lang sieht es so aus, als ob der in die Wüste gepflanzte Stock keine Früchte trägt. Doch Johannes Kolobos ist geduldig. Er übt. Er hält im Glauben stand angesichts der anstrengenden Wege durch lange Nächte. Er muß der Gefahr trotzen und Widerstandsfähigkeit entwickeln, kann dabei aber auf die Macht Gottes hoffen. Praktisch heißt das für den Alltag:

Üben.
Wer die eigenen Ressourcen finden und seine Fähigkeiten fördern will, braucht die langen Wege, darf die Anstrengung nicht scheuen. Um sich intensiv mit einer Aufgabe auseinanderzusetzen, braucht es einen langen Atem. Zum persönlichen Einsatz gehört auch, schwierige Phasen durchzustehen, Entbehrung und Erschöpfung, Unsicherheit

und Zweifel auszuhalten. Der lange Weg wird mich meine Unschuld, meine Wunschbilder und vielleicht auch meine überhebliche Gewißheit kosten. Die Früchte dieser Übung – Engagement, Hingabe und Treue im Tun – sind dann nicht wenige.

Mein Können auf andere hin ausrichten.
Wie werde ich meiner Verantwortung gerecht? Wo schaffe ich Neues für andere? Manchmal frage ich mich, was ich gut kann. Gaben können zum Vorschein kommen: der eine kann gut eine Idee entwickeln, ein anderer an deren Umsetzung dranbleiben. Eine kann gute Gespräche und Dialoge führen, eine andere Dinge auf den Punkt und somit zur Entscheidung bringen. Ohne in Selbstüberschätzung zu verfallen, wird sich herausschälen, welche Gaben und Fähigkeiten ich habe. Der lange Weg des Suchens wird mir zeigen, was ich kann und wo ich mich in die Gemeinschaft einbringen kann.

Meine Frucht der Gemeinschaft anbieten.
Meine Verantwortung und die persönliche Autorität sind gewachsen. Was vordergründig wie eine ungeheure Anstrengung eines Einzelnen aussieht, ist in unserer Geschichte in Wirklichkeit ein Kreislauf von Nehmen und Geben, von Geschenkt-Bekommen und Sich-Schenken. Das mühsame Schöpfen des Wassers macht einen tieferen Sinn, weil die Frucht den anderen angeboten wird. Gereifte Spiritualität wird solidarisch. Wie kann ich meine Früchte anderen zur Verfügung stellen?

Den Sinn des Fruchtbringens erschließen.
Der Mönch wird zum zuverlässigen Zeugen einer Vertrauenswürdigkeit, die sein Mitbruder in ihn investiert hat und die über beide hinausweist. Beide legen ein unerschütterliches Vertrauen an den Tag, der Greis in seinem Rat, der Mönch in seinem Tun. Sie sind zum Wegweiser auf den *Anderen* hin geworden. Ist es für mich überhaupt denkbar, daß Gott in die Mühen meines Alltags einbricht? Kann ich das, was ich tue, nochmals von *ihm* her beschenken lassen?

Mit anderen leben

Schaue ich mich um in meinem Lebensumfeld, das von vielen Menschen in der Lebensmitte geprägt ist, erstaunt mich immer wieder deren solidarisches Engagement: da ist der Vater, der sich in der Schulelternschaft für die Betreuung der Kinder einsetzt, da sind Familien, die ein Netzwerk zur gegenseitigen Unterstützung aufbauen und sich um Menschen in Not kümmern, da ist die Karrierefrau, die fern eigener Interessen eine Selbsthilfegruppe aufgebaut hat. Die Auffassung vieler Entwicklungspsychologen, daß im mittleren Erwachsenenalter andere Menschen besonders in den Blick kommen und das Engagement für andere wieder stärker wird, bestätigt sich auch in meinem Umfeld.

Wie kommt es, daß Menschen keineswegs als selbstbezogene Ich-Menschen enden, sondern als Lebensziel glückende Beziehungen und tragende Gemeinschaft auf ihre Fahnen schreiben? Wie kommt es, daß Menschen ihr eigenes Leben und das Glück ihrer Familie mit dem Interesse und der Solidarität für andere verknüpfen? Ist es die tiefliegende Sehnsucht, in die Gefährdungen heutiger Mobilität, wie sie durch Berufswechsel, Umzüge und sich stetig verändernde Beziehungen entstehen, ein tragendes Fundament einzubauen? Gehört nicht zu einem gelingenden Leben die Investition in Beziehungen dazu?

Damit die eigene Persönlichkeit wachsen und reifen kann, braucht sie gelingende Beziehungen.

Gelingende Beziehung, das heißt: Ich versuche, diesen anderen Menschen wahrzunehmen mit allen seinen Erfahrungen und in den vielen Facetten seiner Persönlichkeit, seinen Gedanken, Absichten und in dem, was er tut. Ich nehme ihn wahr in den vielen Gesichtern seines Lebens, Gesichtern, die lachen, aber auch traurig sind, die nach vorne schauen, aber auch zurück, die Leben ausstrahlen, aber auch Angst davor haben. Ich habe zusammen mit diesem Menschen einen Traum von gelingendem Leben. Ich lebe in der Nüchternheit des Alltags mit ihm. In guten Momenten sprechen wir wirklich miteinander und verstehen uns besser. Bei aller Unterschiedlichkeit kennen wir auch unsere Gemeinsamkeiten. Ich erlebe, was uns beiden wertvoll ist.

Auch wenn die Erfahrung meines Gegenübers nicht meine eigene ist, mit den gewachsenen Lebenserfahrungen kann es mir leichter fallen, mich in das Glück des anderen hineinzuversetzen, seine Sehnsüchte zu verspüren oder auch mit ihm mitzuleiden. Es kann ein echtes Interesse daran wachsen, was dieser Mensch will und ersehnt. Gleichzeitig kann mit diesem Interesse mein Wunsch nach Gegenseitigkeit stärker werden. Mit allen diesen Fähigkeiten, die ich im Umgang mit den anderen erlebe und vertiefe, komme ich zu mir selbst. Im Miteinander wachse ich als Person.

Aufeinander hören

Eine Hilfestellung, wie der persönliche Weg und ein Leben in Beziehungen zueinander gehören, finde ich am Ende der Benediktsregel. Bringen wir uns zunächst den biografischen Hintergrund in Erinnerung: Nach dem großen Scheitern zieht sich Benedikt zurück und findet bei sich seinen Lebensauftrag. Er gründet die Gemeinschaft von Monte Cassino, die zu einem Zukunftsmodell gemeinsamen Lebens wird. Jetzt, nach durchlebter Lebensmitte, kann er zum Seelsorger, zum »Hüter der Gefäße« werden. Schließlich hinterläßt er uns in seiner Regel folgendes Vermächtnis gegenseitigen Lebens:

Diesen Eifer sollen also die Mönche mit glühender Liebe in die Tat umsetzen, das bedeutet:
Sie sollen einander in gegenseitiger Achtung zuvorkommen;
ihre körperlichen und charakterlichen Schwächen sollen sie mit unerschöpflicher Geduld ertragen;
im gegenseitigen Gehorsam sollen sie miteinander wetteifern;
keiner achte das eigene Wohl, sondern mehr auf das des anderen;
die Bruderliebe sollen sie einander selbstlos erweisen;
in Liebe sollen sie Gott fürchten;
ihrem Abt seien sie in aufrichtiger und demütiger Liebe zugetan.
Christus sollen sie überhaupt nichts vorziehen.
Er führe uns gemeinsam zum ewigen Leben.[32]

Was für ein Programm, das da provokativ von Eifer und glühender Liebe spricht und den Angesprochenen dazu auffordert, engagiert und mit Herzblut zu handeln. Benedikt ist zunächst das Gegenteil sehr wohl vertraut; er spricht in seiner Regel auch vom schlechten Eifer, der böse und bitter ist, einen in Angst und Aggressivität blokkiert, Beziehungen verhindert und schließlich vom eigenen Lebensgrund abschneidet. Man bemühe sich also um jenes gute und wohlwollende Engagement für Beziehungen, das uns glühend werden läßt, das heißt engagiert und Menschen mit Herz. Für Benedikt geht dieser Eifer aber noch weiter, denn sein Ziel ist die Ehrfurcht vor Gott.

Mag uns die Rede vom Eifer und vom Streben heute fremd vorkommen, so dürften wir es uns erst recht abgewöhnt haben, von der Furcht als Ehrfurcht und Gottesfurcht zu sprechen. Im alltäglichen Leben ist mir aber eine solche Ehrfurcht zwischenmenschlich zugänglich: wo ich jemanden wirklich liebe, da kann ich auch tiefen Respekt und echte Achtung vor dieser Person entwickeln. Ich achte den Weg, den dieser Mensch eingeschlagen hat und zu leben bemüht. Ich empfinde Respekt vor dem, was diesem Menschen gelingt. Ich spüre die Liebe, mit der er sich für andere engagiert. Ich erahne, daß diese Liebe von einer ganz anderen Kraft getragen ist – und diese Kraft sieht Benedikt, der glaubende Mensch, in der Verbundenheit mit Gott. Für Benedikt liegt es auf der Hand, daß dieses tiefste, innerste Ziel nicht mehr menschengemacht ist, sondern von Christus selbst kommt. Der Grund des gemeinsamen Lebens ist für ihn Christus. Der Weg zu diesem Ziel führt über die anderen.

In diesem Rahmen sieht Benedikt das gemeinsame Leben und formuliert »Merksätze für das Gemeinschaftsleben«[33], Merksätze, wie sie damals als Weisungen zwischenmenschlichen und christlichen Lebens gang und gäbe waren. Diese Weisungen gilt es in die Tat umzusetzen, bodenständig und realitätsnah. Da sind die gegenseitige Achtung und der Respekt voreinander, die vor allem in schwierigen Situationen ein Zeichen der wechselseitigen Verbundenheit sind. Alle sollen in dieser Achtung in einem Wettbewerb stehen, einer wachsamer sein als der andere. Da ist das Ertragen der körperlichen und charakterlichen Schwächen, denn die Schwachen und Gehandikapten in einer Gemeinschaft brauchen ja eine besonders liebevolle Behandlung.

Schwachheit kann für Benedikt eine konkrete körperliche Schwäche sein – so nimmt er besondere Rücksicht auf die Kranken und Alten, auf Kinder und Gebrechliche –, aber es sind auch die Eigenarten von Menschen, die schlecht über andere reden, gereizt auf andere reagieren, weil sie im Inneren verletzt sind, ihren Eigensinn vor sich her tragen und sich und den anderen das Leben schwer machen. Solche Schwäche stellt Benedikt in seiner Regel nicht bloß, sondern geht in »äußerster Geduld« damit um. Dahinter steht: Ich muß meine eigene innere Wunde und Schwäche kennen, muß Abstand einnehmen zu den eigenen

Gefühlen des Ärgers über die Eigenheiten des anderen, weil dieser Abstand einen toleranter werden läßt, muß mich um das innere Einsehen bemühen, daß in diesem Menschen Gutes steckt.

Doch der Umgang mit den anderen Menschen kann noch ausgeprägter werden, wenn er auf Gegenseitigkeit gründet. Im Aufeinander-Hören wagen zwei Menschen jene Haltung, mit der sie wirklich Beziehungen aufnehmen. Sie merken auf und können entdecken, was den anderen wirklich beschäftigt. Sie konzentrieren ihre Kraft und fangen an, mit dem inneren Ohr zu hören, erahnen, was den anderen wirklich im Herzen bewegt. Da liegt es nicht mehr fern, das Wohl des anderen zu wollen, selbstlos und uneigennützig. So wird verständlich, welche Liebe Benedikt meint, wenn er zum Ende des Kapitels mehrfach von ihr spricht. Es ist die gegenseitige Nächstenliebe, die die Brüder sich und dem Abt in Sorge füreinander erweisen sollen und die sie dann zur Liebe zu Gott führt, die Liebe, die sie durch das Leben trägt.

Sich achten, einander in den Schwächen ertragen, aufeinander hören, das Wohl des anderen wollen und sich schließlich in christlicher Liebe begegnen – wie in einem Crescendo bauen diese Einübungen im gegenseitigen Umgang aufeinander auf. Alle diese praktischen Übungen im Miteinander prägen eine Atmosphäre des aktiven Wohlwollens und der gegenseitigen Verantwortung. Uns führen sie schließlich zu jenem Leitthema, das sich wie eine Antiphon des Miteinanders durch alle Lebensbereiche seiner Gemeinschaft zieht: *sich ge-*

genseitig – se invicem, wie Benedikt sagt – Liebe und Achtung zu erweisen. Diese gegenseitige Liebe finden wir bei Benedikt in der Küche ebenso wie im Gottesdienst, in der Fürsorge füreinander wie auch in der Sorge für fremde Menschen, im Aufeinander-Hören und im wechselseitigen Respekt. Der gegenseitige, liebevolle Umgang wird so zu einer Klammer gemeinsamen Lebens.

Gegenseitigkeit einüben

Wir haben gesehen: Gegenseitiges Leben bewährt sich darin, daß wir prüfen, welche Motivation uns in unseren Beziehungen trägt, wie wir einander Gehör schenken, wie wir einander in Schwächen und Eigenarten ertragen lernen, vor allem aber auch, wie wir Gegenseitigkeit praktisch einüben.

Sich gegenseitig achten.
Eine annehmende und wertschätzende Beziehung zeigt sich mir an der inneren Anteilnahme des anderen Menschen. Mein Gegenüber zeigt mir sein Interesse an meiner Person. Was mich bewegt, welche Hoffnungen und Sorgen ich habe, was mir wichtig ist – alle diese Signale zeigen seine Zuwendung und den Respekt vor meinem Weg an. Auch ich kann den anderen auf diese Weise achten. Wo möchte ich demnach einen Menschen besonders achten, ihn annehmen, durch aufmerksames und anteilnehmendes Hören bei ihm sein?

Im gemeinsamen Anliegen leben und sich darin unterstützen.
Wo Menschen gemeinsames Leben wagen wollen, da wollen sie miteinander leben. Gemeinsam sind sie stark, können so durch Stürme und Untiefen des Lebens gehen. Sie müssen gegenseitig ihre Erwartungen klären, um echte Gemeinsamkeit auszuloten: wo wollen wir wirklich miteinander leben und wo nicht? Sie müssen sich miteinander über das Fundament und Ziel gemeinsamen Lebens verständigen: welche Anliegen und Bedürfnisse wollen wir teilen – praktische Lebensfragen, Gemeinschaft, gegenseitige Hilfe, Solidarität für ander?

Menschen mit einem gemeinsamen Anliegen können sich dort helfen, wo man sich braucht: im Austausch von Erfahrungen und Ideen, im Verständnis füreinander, in praktischen Lebensfragen, im Lösen von Problemen. Alleine schaffe ich es im Grunde nicht, Neues mit Kraft zu entwickeln. Der Einzelgänger hat vor allem im Zwischenmenschlichen ausgedient – Benedikts Gemeinschaft funktionierte vor allem, weil er fortan die vielfältigen Aufgaben auf viele Schultern verteilte. Im Aufeinander-Hören konnte ihm Neues gelingen. Wo will ich mich zusammen mit anderen auf Neues einlassen? Was ist meine Fähigkeit, die ich in gemeinsames Leben einbringen kann? Wo brauche ich die Fähigkeiten anderer, damit Leben gelingt?

Dem tragenden Grund des gemeinsamen Lebens vertrauen.
Gemeinsames Leben funktioniert nicht in Zweckbündnissen. Es braucht einen tragenden Grund, der sich in Visionen und Überzeugungen, in gemeinsamen Interessen, miteinander ausgehandelten Strategien und Spielregeln ausdrückt. Solch ein tragendes Fundament gibt mir Kraft, den gemeinsamen Alltag zu leben. Daher ist es hilfreich, wenn wir uns von Zeit zu Zeit über unsere Quellen gemeinsamen Lebens austauschen.

Die Stunde des Zwielichts bestehen

Ein Thema steht noch aus. Ich habe es zwar immer wieder angedeutet, aber nicht ausdrücklich ins Wort gebracht: Wer des Lebens Mitte überschreitet wird zwangsläufig mit des Lebens Grenze konfrontiert. Die Zeit, die mir zum Leben bleibt, ist kürzer als die, die ich schon gehabt habe. Die Kräfte des Körpers lassen nach, fast unmerklich, doch wenn ich aufmerksam bin, spüre ich dies. Krankheiten bleiben nicht aus. Ich kann nicht mehr unbegrenzt aus meinen Ressourcen schöpfen; abends lege ich mich nach der Arbeit vielleicht erst einmal erschöpft hin, oder es fehlt an Konzentration in einem Gespräch. Meine eingeschränkte Leiblichkeit, mein Erfahren der Zeitlichkeit, meine kürzere Lebensstrecke – all das weist auf die Grenze des Lebens hin, meinen Tod.

Abschied nehmen lernen

Das heißt auch, Abschied nehmen zu lernen. Letztlich führt uns dieser Abschied zu einer Haltung, von der der Wüstenmönch Evagrius sagt:

Der Mönch soll allzeit so bereit sein, als ob er morgen sterben müßte, und sich andererseits seines Leibes so bedienen, als ob er noch viele Jahre mit ihm zusammenleben müßte.[34]

Evagrius hält jene Spannung, die gelingendes Leben in seiner Mitte ausmacht: das rechte Maß an Hinwendung zum Leben zu praktizieren und sich beschenken zu lassen von jedem Augenblick, weil ich ja weiß, daß mir das Leben nicht grenzenlos zur Verfügung steht und im Sterben enden wird.

Leben und Sterben können

Das Hinleben auf den Tod ist verschränkt mit einem ausgeglichenen Lebensstil. Es führt mich zur Kunst, den Augenblick gut zu leben.

So leben, als ob ich gleich sterben müßte.
Diese Kunst ist keine Todessehnsucht, kein krankhaftes Streben nach dem Tod. Vielmehr weist mich das Bewußtsein um meine eigene Sterblichkeit auf ein Doppeltes hin: daß ich den Augenblick gut lebe, mit allen Möglichkeiten, die mir gegeben sind. Und gleichzeitig darum weiß, daß mir dieser Augenblick geschenkt ist. Ich kann nicht darüber verfügen, kann mein Leben nicht verplanen. Morgen kann alles ganz anders sein.

Leben!
Durch einen ausgeglichenen Lebensstil achte ich sorgfältig auf mich selbst. Denn in dem Maß, in dem mir mein Leben geschenkt ist, kann ich auch etwas für sein Gelingen tun. Sorge dich um das körperliche Wohlbefinden, gib deinem Körper die Nahrung und die Pflege, die er braucht. Halte ihn in Übung. Prüfe, was deine Seele Tag für Tag braucht, um zur Ausgeglichenheit zu kommen, eine Anstrengung vielleicht oder eine Pause, Gespräch oder Schweigen, Tun oder Nachdenken.

Ich fasse zusammen: Die Mitte des Lebens ist eine offene Zone im Leben, eine Zeit des Übergangs zu Neuem. Es fehlt noch an Orientierung. Neues deutet sich an, ist aber noch nicht konkret. Nicht mehr so sehr das Machen, vielmehr das Zulassen wird zur Lebenshaltung. Und das heißt auch, in Erwartung Abschied nehmen zu lernen.

Diese Zeit gleicht auch der Zeit des Zwielichts, der Stunde der Morgendämmerung, die den Ereignissen des Tages vorangeht. Das Zwielicht erhellt jene flüchtige Stunde, die weder der Nacht mehr noch schon dem Tag gehört, in der das Schweigen durchbrochen wird und der Vogel zum Sang anhebt, aber noch nicht fliegen will. Es ist die Stunde, in der Jakob mit seinem Gott kämpft und seine Hüfte den Schlag bekommt, in der der Schrecken der Nacht und der Abgrund des Dunkels noch nachklingen, am anderen Ufer aber schon Frau und Herde wachen.

Nun ist jene Stunde, in der die Zuversicht steigt. Der Schatten ist da: mit klarer Kontur, kürzer werdend. Es schickt die Sonne mit ihren ersten Strahlen die Wärme voraus. Jetzt kämpft das Licht der Nacht mit dem anbrechenden Tag und muß verlieren, so daß das neue Licht in gedämpfter Klarheit die Erwartung der Herzen steigert. Es ist eine neue Morgendämmerung der Seele, in der die erste und die zweite Hälfte des Lebens miteinander ringen: wird neuer Glaube sein oder alles Bisherige mit dem Dunkel der Nacht sinnlos verschlungen? Es ist jene Stunde, in der die zweite Morgenröte des eigenen Lebens anhebt, eine Morgenröte, die dem Licht der Welt entspringt. Jene Zeit ist also ein Zwischenbereich, in dem zwei Welten aufeinandertreffen und ein seelisches und spirituelles Beben verursachen, an dessen Ende eines gewiß ist: ein neuer Tag.

Anmerkungen

1 Fischer, Joschka: Mein langer Lauf zu mir selbst, München 2001, S. 53.

2 Büscher, Wolfgang: Berlin – Moskau. Eine Reise zu Fuß, Reinbek 2003, S. 166.

3 Zur Psychologie der Lebensmitte: Faltermeier, Toni/ Mayring, Philipp: Entwicklungspsychologie des Erwachsenenalters, Stuttgart, 2. Auflage 2002; Whithbourne, Susan K./Weinstock, Comilda S.: Die mittlere Lebensspanne. Entwicklungspsychologie des Erwachsenenalters, München 1982. Eher lebenspraktisch: Chu, Viktor: Jongleure der Lebensmitte, München 1999. Aus literarischer und religiöser Sicht: Sill, Bernhard: Projekt Lebensmitte, Regensburg 1994.

4 Northrup, Christiane: Frauenkörper. Frauenweisheit. Wie Frauen ihre ursprüngliche Fähigkeit zur Selbstheilung wieder entdecken können, München 2000; hier zitiert nach: Hieronymus, Brigitte: Nur ein Tanz der Hormone?, in: Die Mitarbeiterin 2003, Heft 1, S. 9.

5 Für Männer: Dieter Wartenweiler, Männer in den besten Jahren. Von der Midlife-Crisis zur gereiften Persönlichkeit, München 2001.

6 Wie Eheleben, Wechseljahre und Lebensmitte zusammenhängen, davon berichtet anschaulich Brigitte Hieronymus: Romeo und Julia in der Midlife-Crisis. Liebe, Lust und Leidenschaft in turbulenten Zeiten, Stuttgart 2003.

7 Domin, Hilde: Gesammelte Gedichte, Frankfurt 1987, S. 165.

8 Domin, Hilde: Abel steh auf. Gedichte, Prosa, Theorie, Stuttgart 1979, S. 36.

[9] Jürgen Springer: Fährmann im Wort: Depardieu über Augustinus, in: Christ in der Gegenwart 8 (2003), S. 60.

[10] Fowler, James: Becoming adult, becoming Christian: adult development and Christian faith, San Francisco 2000.

[11] Ebd., S. 119 f.

[12] Ebd., S. 120.

[13] Eine umfangreiche Untersuchung zur religiösen Entwicklung erwachsener Menschen mit unterschiedlichen Glaubensbekenntnissen an der Universität Bonn (www.uni-bonn.de/pastoraltheologie/faith) hat jüngst gezeigt, daß sich die Glaubensvorstellungen Erwachsener zunehmend differenzieren. Diese Forschungen legen zudem nahe, daß es in der Lebensmitte keineswegs zu einer verallgemeinerbaren Wiederbelebung des Glaubens kommen muß, wie auch Konzepte, die aufeinanderfolgende Stufen der Glaubensentwicklung annehmen, bei Erwachsenen nicht belegt werden konnten.
Anselm Grün, Lebensmitte als geistliche Aufgabe, Münsterschwarzach, 13., überarbeitete Auflage 2001, konnte in seinem, inzwischen zum modernen Klassiker geistlicher Führung durch die Lebensmitte gewordenen Buch vor 20 Jahren noch davon ausgehen, daß die Lebensmitte eine Krise sei, durch die wir persönlich und spirituell wachsen. Diese Auffassung hat sich auf der Basis der neueren Forschungen weiterentwickelt. Die Lebensmitte muß keine Krise sein. Seelische und religiöse Entwicklungsvorgänge sind vielfältige, über längere Lebensspannen sich erstreckende Prozesse. Ich gehe hier davon aus, daß die Lebensmitte eine Zeit erhöhter Sensibilität, auch für Glaubensfragen, sein kann. Entdeckt werden kann die

lebensbetonende Seite der Religiosität, allerdings in einer individuellen Ausprägung.

14 Inspiriert von James Fowler und Ira Progoff: At a Journal Workshop, New York 1977.

15 Miller, Bonifaz: Weisung der Väter. Apophthegmata Patrum, Trier, 3. Auflage 1986, Nr. 49. Das Kellion ist die Zelle des Mönches.

16 Vgl. hierzu: Bunge, Gabriel: Drachenwein und Engelsbrot. Die Lehre des Evagrios Pontikos von Zorn und Sanftmut, Würzburg 1999; zu Leben und Denken des Evagrius siehe auch: Abel, Peter: Burnout in der Seelsorge, Mainz 1995, S. 54–75.

17 Evagrius, Über die acht Gedanken, zitiert nach Bunge, Drachenwein, S. 39.

18 Evagrius, De vitiis, zitiert nach Bunge, Drachenwein, S. 42.

19 Gregor der Große: Der hl. Benedikt. Buch II der Dialoge. Lateinisch/deutsch. Herausgegeben im Auftrag der Salzburger Äbtekonferenz, St. Ottilien 1995, Kapitel 2, Vers 5.

20 Ebd., Kapitel 2, 5–7.

21 Ebd., Kapitel 2, 3.

22 Gregor der Große, Ep. I,5; hier zitiert nach: Luislampe, Pia: Kontemplation als schauende Aufmerksamkeit für Gott, in: Erbe und Auftrag 78 (2002), S. 370–381, hier S. 376.

23 Der junge Mann im fernen Land, von dem Gregor erzählt, ist der verlorene Sohn aus dem Gleichnis vom barmherzigen Vater im Lukasevangelium (vgl. Lk 15,11–32).

24 Zitiert nach: Ellinger, Mirijam: Papst Gregor I., der Große (590–604) – III. Teil: „Habitare secum" – Das Wohnen in sich selbst, in: Cistercienser Chronik 108 (2001), S. 229–254, hier S. 241.

25 Apophthegmata Patrum, Nr. 843.

26 Legaut, Marcel: Christ aus Leidenschaft, Freiburg 1978, S. 54 f. und 58 f.

27 Kurz, Paul Konrad: Oster-Schweigen, in: Christ in der Gegenwart 55 (2003), S. 127 (im Auszug).

28 Ich beziehe mich hier auf das Gleichnis vom klugen Verwalter im Lukasevangelium (Lk 12, 42 ff).

29 Whitehead, Evelyn und James: Seasons of Strength. New Visions of Adult Maturing, Winona 1995, S. 199.

30 Apophthegmata Patrum, Nr. 316.

31 Levinson, Daniel J.: The Seasons of a Man's Life, New York 1978.

32 Regel Benedikts, Kapitel 72, 3–12, zitiert nach: Salzburger Äbtekonferenz: Regula Benedicti. Die Benediktusregel. Lateinisch/deutsch, Beuron 1992.

33 Holzherr, Georg: Die Benediktsregel. Eine Anweisung zu christlichem Leben, Zürich, 4. Auflage 1993, S. 326.

34 Evagrios Pontikos: Praktikos oder Der Mönch. Hundert Kapitel über das geistliche Leben, herausgegeben von Gabriel Bunge, Köln 1989, Kapitel 29.

Die Lebenskunst der Klöster

Münsterschwarzacher Kleinschriften

1	Anselm Grün, **Gebet und Selbsterkenntnis**	1979/2002
3	F. Ruppert/A. Grün, **Christus im Bruder**	1979/2004
6	Anselm Grün, **Der Umgang mit dem Bösen**	1980/2001
7	Anselm Grün, **Benedikt von Nursia**	1979/2004
11	Anselm Grün, **Der Anspruch des Schweigens**	1980/2003
13	A. Grün, **Lebensmitte als geistliche Aufgabe**	1980/2001
17	F. Ruppert/A. Grün, **Bete und Arbeite**	1982/2003
18	Jean Lafrance, **Der Schrei des Gebetes**	1983
19	Anselm Grün, **Einreden**	1983/2001
22	Anselm Grün, **Auf dem Wege**	1983/2002
23	Anselm Grün, **Fasten**	1984/2001
25	Guido Kreppold, **Die Bibel als Heilungsbuch**	1985/2004
26	M. Dufner/A. Louf, **Geistl. Begleitung i. Alltag**	1985/2006
28	M. W. Schmidt, **Christus finden i. d. Menschen**	1985
29	Grün/Reepen, **Heilendes Kirchenjahr**	1985/2001
31	Basilius Doppelfeld, **Mission**	1985
32	Anselm Grün, **Glauben als Umdeuten**	1986/2002
36	Anselm Grün, **Einswerden**	1986/2003
37	Brakkenstein Com., **Regel f. e. neuen Bruder**	1986
39	Anselm Grün, **Dimensionen des Glaubens**	1987/2004
41	Johanna Domek, **Gott führt uns hinaus ins Weite**	1987
44	Anselm Grün/Petra Reitz, **Marienfeste**	1987/2001
46	Anselm Grün/Michael Reepen, **Gebetsgebärden**	1988/2002
47	Emmanuela Kohlhaas, **Es singe das Leben**	1988
50	Anselm Grün, **Chorgebet und Kontemplation**	1988/2002
52	A. Grün, **Träume auf dem geistlichen Weg**	1989/2001
57	Grün/Dufner, **Gesundheit als geistliche Aufgabe**	1989/2001
58	Anselm Grün, **Ehelos – des Lebens wegen**	1989/2003
59	Dumitru Staniloae, **Gebet und Heiligkeit**	1990
60	Anselm Grün, **Gebet als Begegnung**	1990/2001
61	Basilius Doppelfeld, **Mission als Austausch**	1990
62	Abeln/Kner, **Kein Weg im Leben ist vergebens**	1990/2003
63	R. Faricy/R. J. Wicks, **Jesus betrachten**	1990
64	Anselm Grün, **Eucharistie und Selbstwerdung**	1990/2002
65	Basilius Doppelfeld, **Ein Gott aller Menschen**	1991
66	Abeln/Kner, **Wie werde ich fertig m. m. Alter?**	1992/2002
67	A. Grün, **Geistl. Begleitung b. d. Wüstenvätern**	1992/2002

68 Anselm Grün, **Tiefenpsych. Schriftauslegung** 1992/2002
71 Anselm Grün, **Bilder von Verwandlung** 1993/2001
73 Wunibald Müller, **Meine Seele weint** 1993/2001
75 Herbert Alphonso, **Die Persönliche Berufung** 1993/2002
76 Anselm Grün/Gerhard Riedl, **Mystik und Eros** 1993/2001
77 Gabriele Ziegler, **Der Weg zur Lebendigkeit** 1993
79 Fidelis Ruppert, **Der Abt als Mensch** 1993
80 Boniface Tiguila, **Afrikanische Weisheit** 1993
81 Anselm Grün, **Biblische Bilder von Erlösung** 1993/2001
82 A. Grün/M. Dufner, **Spiritualität von unten** 1994/2002
84 Mauritius Wilde, **Ich versteh' dich nicht!** 1994/2004
85 R. Abeln/A. Kner, **Das Kreuz mit dem Kreuz** 1994
86 Fidelis Ruppert, **Mein Geliebter, die riesigen Berge** 1995
87 Basilius Doppelfeld, **Zeugnis und Dialog** 1995
90 Fidelis Ruppert, **Intimität mit Gott** 1995/2002
92 Anselm Grün, **Leben aus dem Tod** 1995/2001
93 Anselm Grün, **Treue auf dem Weg** 1995
94 Edgar Friedmann, **Ordensleben** 1995
95 Hermann M. Stenger, **Gestaltete Zeit** 1996
96 Basilius Doppelfeld, **Bleiben** 1996
97 Christian Schütz, **Mit den Sinnen glauben** 1996
98 Karin Johne, **Wortgebet und Schweigegebet** 1996
99 Anselm Grün, **Das Kreuz** 1996/2005
100 A. Grün/A. Seuferling, **Schöpfungsspiritualität** 1996/2002
101 Basilius Doppelfeld, **Lassen** 1996
102 Anselm Grün, **Wege zur Freiheit** 1996/2003
103 G. Kreppold, **Krisen – Wendezeiten im Leben** 1997/2001
104 Irmgard und Peter Abel, **Familienleben** 1997/2002
106 Anselm Grün, **Exerzitien für den Alltag** 1997/2001
107 Karl-Friedrich Wiggermann, **Das geistliche Wort** 1997
108 F. Ruppert/A. Stüfe, **Der Abt als Arzt ...** 1997
109 H. Nouwen, **Unser Heiliges Zentrum finden** 1998/2003
110 Georg Braulik, **Zivilisation der Liebe** 1998
111 Wunibald Müller, **Wenn du ein Herz hast ...** 1998
112 G. Kreppold, **Selbstverwirkl. od. Selbstverleugnung?** 1998
113 Basilius Doppelfeld, **Erinnern** 1998
114 Anselm Grün, **Zerrissenheit** 1998/2001
115 K.-F. Wiggermann, **Spiritualität und Melancholie** 1998
116 Reinhard Körner, **Was ist Inneres Beten?** 1999/2002
117 Christa Carina Kokol, **Wie bist du, Gott?** 1999

118	Gabriele Ziegler, **Sich selbst wahrnehmen ...**	1999
120	Anselm Grün, **Vergib dir selbst**	1999/2001
121	D. Koller, **Trinitarisch glauben, beten, denken**	1999
122	G. Kreppold, **Träume – Hoffnung für das Leben**	1999/2001
124	Basilius Doppelfeld, **Loslassen und neu anfangen**	2000/2002
126	Pierre Stutz, **Licht in dunkelster Nacht**	2000/2001
127	Wunibald Müller, **Dein Herz lebe auf**	2000/2002
128	Anselm Grün, **Entdecke das Heilige in Dir**	2001
129	Guido Kreppold, **Esoterik**	2001
130	Mauritius Wilde, **Der spirituelle Weg**	2001
131	J. Domek, **Das Leben wieder spüren**	2001/2006
132	Alfred Läpple, **Der überraschende Gott**	2002
133	Johanna Domek, **Die Sehnsucht weiß mehr**	2002
134	Klaus-Stefan Krieger, **Gewalt in der Bibel**	2002
135	Hubert Luthe/Máire Hickey, **Selig bist du**	2002
136	Meinrad Dufner, **Schöpferisch sein**	2002
137	B. Ulsamer/M. Hell, **Wie hilft Familien-Stellen?**	2003
138	Lothar Kuld, **Compassion – Raus aus der Ego-Falle**	2003
139	Peter Abel, **Neuanfang in der Lebensmitte**	2003
140	Wunibald Müller, **Dein Weg aus der Angst**	2003
141	Klaus-Stefan Krieger, **Was sagte Jesus wirklich?**	2003
142	A. Grün/R. Robben, **Gescheitert? – Deine Chance!**	2003
143	Meinrad Dufner, **Rollenwechsel**	2004
144	Bertold Ulsamer, **Zum Helfen geboren**	2004
145	A. Grün/W. Müller, **Was macht Menschen krank ...?**	2004
146	Peter Modler, **Lebenskraft Tradition**	2004
147	Gruber/Steins, **Mit Gott fangen die Schwierigkeiten ...**	2005
148	Guido Kreppold, **Die Kraft des Mysteriums**	2005
149	Peter Modler, **Gottes Rosen**	2005
150	Jonathan Düring, **Der Gewalt begegnen**	2005
151	Wunibald Müller, **Allein – aber nicht einsam**	2005
152	B. Ulsamer, **Lebenswunden – Hilf. zur Traumabewältig.**	2006
153	Olav Hanssen, **Dein Wille geschehe**	2006
154	Reinhard Körner, **Dunkle Nacht**	2006
155	Jonathan Düring, **Wild und fromm**	2006
156	Guido Kreppold, **Dogmen verstehen**	2006
157	Peter Abel, **Gemeinde im Aufbruch**	2006
158	Michael Plattig, **Prüft alles, behaltet das Gute!**	2006

VIER-TÜRME-VERLAG
Telefon 09324/20-292 · Telefax 09324/20-495
Bestellmail: info@vier-tuerme.de / www.vier-tuerme-verlag.de

Klaus-Stefan Krieger

Gewalt in der Bibel

Eine Überprüfung unseres Gottesbildes

Münsterschwarzacher Kleinschriften Band 134,
112 Seiten
ISBN 3-87868-634-X

Die Sprache der Bibel ist voller Gewalt. Wie können wir mit dieser Tatsache umgehen, wenn viele Texte nicht einfach ausgeklammert und verdrängt werden sollen? Klaus-Stefan Krieger gibt Antwort. Er schöpft aus seinem Wissen um den historischen Kontext des Alten und Neuen Testamentes und zeigt, welche Gottesbilder in ihnen zum Tragen kommen.

Irmgard und Peter Abel

Familienleben

Spirituelle Impulse aus der Regel Benedikts

Münsterschwarzacher Kleinschriften Band 104,
108 Seiten
ISBN 3-87868-604-8

Als Familie zusammen leben, und doch eigene Wege finden? Den Alltag geistlich gestalten und noch den Sonntag feiern? Das ist gar nicht so einfach. Die Benediktsregel gibt dazu überraschende Hilfen. In ihrem Geist kann gemeinsam glauben lernen praktisch geübt werden.

Vier-Türme-Verlag

97359 Münsterschwarzach Abtei
Telefon 0 93 24 / 20-292 Telefax 0 93 24 / 20-495
Bestellmail: info@vier-tuerme.de
www.vier-tuerme.de